Mosaik

Weihnachtsduft zieht durch das Haus

Das kleine Rezeptbrevier für die Weihnachtsbäckerei

Mosaik Verlag

Impressum

Der Mosaik Verlag ist ein Unternehmen der Verlagsgruppe Bertelsmann

Zeichnungen: Gisela Dürr und Andrea Merz, München
Redaktion: Heike Pressler, München
Umschlaggestaltung: Monika Janiszewska, München
Reproduktionen: ArtiLitho, Trento
Layout und Satz: Peter Pleischl, München
Druck und Bindung: G. Canale & C.S.p.A., Turin
Printed in Italy
ISBN 3-576-11059-3

Inhalt

Verse zum Advent

Noch ist Herbst nicht ganz entflohn,
aber als Knecht Ruprecht schon
kommt der Winter hergeschritten,
und alsbald aus Schnees Mitten
klingt des Schlittenglöckleins Ton.

Und was jüngst noch, fern und nah,
bunt auf uns herniedersah,
weiß sind Türme, Dächer, Zweige,
und das Jahr geht auf die Neige,
und das schönste Fest ist da.

Tag du der Geburt des Herrn,
heute bist du uns noch fern,
aber Tannen, Engel, Fahnen
lassen uns den Tag schon ahnen,
und wir sehen schon den Stern.

Theodor Fontane

Stimmungsvoller Adventstee

Spritzgebäck mit Schokolade

Für 20 Stück
TEIG:
*100 g Butter * 100 g Zucker * 1 Ei **
*100 g Weizenmehl * 100 g Stärkemehl * 2 EL Milch **
*30 g geschälte geriebene Mandeln * Fett für das Blech **
*100 g Aprikosenkonfitüre **
GLASUR:
*50 g Zartbitterschokolade **
1 TL Butter

Die Butter schaumig rühren. Den Zucker und das verquirlte Ei hinzufügen. Das Mehl mit dem Stärkemehl sieben und eßlöffelweise mit der Milch unterrühren. Die Mandeln unter den Teig mischen und 1 Stunde kühl ruhenlassen.

Den Teig in einen Spritzbeutel mit großer gezackter Tülle füllen. In Form von kleinen Halbkreisen auf das gefettete Blech spritzen.

Bei 170 Grad auf mittlerer Schiene etwa 15 Minuten hellgelb backen. Vom Blech lösen und auf einem Gitter auskühlen lassen. Auf der glatten Seite mit der Konfitüre bestreichen und je zwei Stücke zusammensetzen. Auf ein Brett legen und etwas antrocknen lassen.

Die Schokolade in Stücke brechen und mit 1 Eßlöffel Wasser im Wasserbad schmelzen lassen. Die Butter hinzugeben, in der warmen Schokolade zergehen lassen und gut verrühren. Jeweils beide Enden der Plätzchen in die Schokolade tauchen. Auf Folie trocknen lassen.

Diplomatenkekse

Für 20 Stück

TEIG:

*100 g Mehl * 50 g Speisestärke * 65 g Zucker **
*100 g Butter * 65 g Mandeln * 1 Prise Salz **

FÜLLUNG:

*200 g Mandeln * 200 g Puderzucker **
*2–3 EL Rum * Puderzucker zum Ausrollen **

GLASUR:

*125 g Pistazien * 150 g Puderzucker **
*1 TL Rum * 1 EL Wasser*

Mehl und Speisestärke mischen und auf ein Backbrett sieben. Zucker zugeben. Butter in Flöckchen darauf verteilen. Alle Mandeln abziehen und durch die Mandelmühle drehen. Die für den Teig angegebene Menge der Mandeln abnehmen und mit dem Salz zum Teig geben. Von außen nach innen schnell einen Mürbeteig kneten. 30 Minuten kühl stellen.

In der Zwischenzeit Mandeln für die Füllung mit gesiebtem Puderzucker und etwas Rum zu einer Masse verkneten. Auf Puderzucker 1/2 cm dick ausrollen und nach Belieben runde oder ovale Formen ausstechen. Beiseite stellen.

Den Mürbeteig ebenfalls 1/2 cm dick ausrollen und in der gleichen Größe runde oder ovale Kekse ausstechen. Blech leicht fetten. Die Kekse im vorgeheizten Ofen auf Mittelschiene bei 200 Grad in 10–15 Minuten leicht goldgelb backen.

Auskühlen lassen. Jeweils zwei Mürbeteigkekse mit einem mit einem gleich großen Stück der Füllmasse in der Mitte zusammensetzen

Für die Glasur die Pistazien abziehen und fein mahlen. Mit gesiebtem Puderzucker, Rum und Wasser verrühren. Die Kekse damit überziehen und mit Pistazien garnieren.

Eierplätzchen

Für 75 Stück
125 g Butter ✻
4 Eigelb, hartgekocht ✻
65 g Zucker ✻ *1 Prise Salz* ✻
250 g Mehl ✻
1 Eiweiß zum Bestreichen ✻
Hagelzucker ✻ *Fett für das Blech*

Butter schaumig rühren. Eigelb durch ein Haarsieb passieren, in die Butter geben, Zucker und Salz ebenfalls dazugeben. Mehl darübergeben. Alles zu einem festen Teig verkneten. Im Kühlschrank 30 Minuten lang ruhenlassen.

Auf bemehltem Backbrett ½ cm dick ausrollen. Kleine, beliebig geformte Plätzchen ausstechen. Mit verquirltem Eiweiß bestreichen und mit Hagelzucker bestreuen.

Die Plätzchen auf ein gefettetes Backblech setzen. Auf die Mittelschiene in den vorgeheizten Ofen schieben und bei 180 Grad 10 Minuten backen.

Ingwerplätzchen

Für 90 Stück
TEIG:
*200 g Butter * 1 Ei * 150 g Zucker **
*1 Päckchen Vanillezucker * 1 Prise Salz **
*250 g Mehl * 1 TL Backpulver **
*30 g gemahlene Mandeln **
*50 g eingelegte, fein gehackte Ingwerpflaumen **
*Mehl zum Ausrollen * Fett für das Blech **
AUSSERDEM:
*1 Eigelb * 2 EL Milch*

Die Zutaten für den Teig in eine Schüssel geben und mit dem Handrührgerät (Knethaken) zu einem glatten Teig verarbeiten. Den Teig zugedeckt 30 Minuten in den Kühlschrank stellen.

Dann den Teig auf bemehlter Arbeitsfläche 1/2 cm dick ausrollen. Runde, gezackte Plätzchen von 3 cm Durchmesser ausstechen und auf ein gefettetes Backblech legen.

Eigelb und Milch verrühren. Plätzchen damit bestreichen. In den vorgeheizten Ofen auf die mittlere Schiene schieben und bei 220 Grad in 15 Minuten hellgelb backen.

Heidesand

Für 40 Stück
125 g Butter ✻ 100 g Zucker ✻
$^1/_2$ Päckchen Vanillezucker ✻
1 EL Milch oder Kaffeesahne ✻ 175 g Mehl ✻
$^1/_2$ TL Backpulver

Die Butter in einen mittelgroßen Topf geben, zerlassen und so lange bei schwacher Hitze erhitzen, bis sich am Boden ein brauner Satz bildet. Das dauert etwa 4 Minuten.

Dann den Topf vom Herd nehmen, den Satz aufrühren und die heiße Butter ziemlich lange erkalten lassen. Am besten zuerst etwa 10 Minuten abkühlen lassen und dann in den Kühlschrank stellen. Die Butter jedoch nicht zu fest werden lassen, sonst muß man später Butterklümpchen mühevoll mit Gabel oder Löffel auflösen.

Die erstarrte Butter wieder locker rühren und Zucker, Vanillezucker und Milch hinzufügen. Rühren, bis das Ganze hellcremig wird. Die dunklen Pünktchen (vom Bräunen der Butter) bewirken später das »sandige« Aussehen. Die Hälfte vom Mehl und das Backpulver im Topf verrühren. Die Masse in eine Schüssel umfüllen und das restliche Mehl mit den Händen in den Teig kneten.

Aus diesem Teig etwa 15 cm lange Rollen mit einem Durchmesser von ungefähr 3$^1/_2$ cm formen. Anfangs bröckelt der Teig. Daher muß man so lange drücken und rollen, bis die Masse etwas weicher und geschmeidiger wird.

Die Rollen in Klarsichtfolie wickeln und etwa 1 Stunde in den Kühlschrank legen. Anschließend ein Backblech mit Backpapier auslegen.

Den Backofen auf mittlerer Temperatur vorheizen. Die Teigrollen nacheinander aus dem Kühlschrank nehmen, in etwa $1/2$ cm dicke Scheiben schneiden und diese auf das Backblech, mit ungefähr $1\,1/2$ cm Abstand voneinander, legen. Die Plätzchen bei 175 Grad 10–17 Minuten backen. Aus dem Ofen nehmen und auf Kuchengitter oder flachen Platten abkühlen lassen.

Kissinger Brötchen

Für 48 Stück

TEIG:

*150 g Mehl * 150 g geriebene Haselnüsse * 1 TL Backpulver * 150 g Zucker * 1 Prise Salz * ½ TL Zimt * 1 Ei * 100 g Margarine * Mehl zum Ausrollen **

FÜLLUNG:

*½ Glas Aprikosenmarmelade (220 g) * 150 g Kuvertüre * 125 g geriebene Haselnüsse * 48 Walnußhälften (80 g)*

Für den Teig Mehl, Haselnüsse und Backpulver in einer Schüssel mischen. In die Mitte eine Mulde drücken. Zucker, Salz, Zimt und Ei hineingeben. Margarine in Flöckchen auf dem Mehlrand verteilen. Von außen nach innen schnell einen glatten Teig kneten. 30 Minuten zugedeckt im Kühlschrank kalt werden lassen.

Mehl auf ein Backbrett oder eine andere Arbeitsfläche stäuben. Teig darauf etwa ½ cm dick ausrollen. Mit einem Glas von 3 cm Durchmesser runde Plätzchen ausstechen.

Backblech mit Backpapier auslegen und mit Plätzchen belegen. In den vorgeheizten Ofen auf die obere Schiene schieben und bei 220 Grad 10 Minuten backen. Herausnehmen, Plätzchen vom Blech lösen und abkühlen lassen.

Marmelade in einer Schüssel glattrühren. Auf die Hälfte der Plätzchen verteilen. Mit je einem Plätzchen belegen. Kuvertüre im Wasserbad auflösen. Plätzchen damit überziehen. Ränder in den geriebenen Haselnüssen rollen. Auf jedes Plätzchen 1 Walnußhälfte drücken.

Orangen-Schokoladen-Plätzchen

Für 50 Stück
TEIG:
175 g Mehl ✱ 75 g Speisestärke ✱ 1 TL Backpulver ✱ 1 Ei ✱
1 Prise Salz ✱ abgeriebene Schale von 1 Orange ✱
125 g Zucker ✱ 125 g Butter oder Margarine ✱
100 g zartbittere Schokolade ✱ Mehl zum Ausrollen ✱
Fett für das Blech
GLASUR:
100 g Puderzucker ✱ 2–3 EL Orangensaft

Alle Zutaten, ausgenommen die Schokolade, zu einem Teig mischen. Schokolade grob raspeln und unter den Teig kneten. Zu einer Kugel formen, zugedeckt im Kühlschrank 30 Minuten kalt stellen.

Teig auf einer bemehlten Fläche $^1/_2$ cm dick ausrollen. In 3 mal 6 cm große Streifen schneiden.

Plätzchen auf gefettetem Blech im vorgeheizten Ofen auf der mittleren Schiene bei 200 Grad 15 Minuten backen.

Für die Glasur den Puderzucker mit dem Orangensaft gut verrühren und die noch warmen Plätzchen damit überziehen.

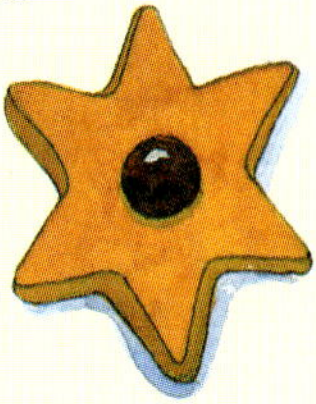

Mandelbrötchen

Für 60 Stück
TEIG:
*250 g Butter * 120 g Puderzucker * 1 Eigelb **
*100 g ungeschälte gemahlene Mandeln * 350 g Mehl **
AUSSERDEM:
*Mehl zum Formen und Ausrollen **
*Fett für das Blech * 1 Eigelb zum Bestreichen **
60 g halbierte Mandeln zum Belegen

Butter, Puderzucker und Eigelb schaumig rühren. Die Mandeln und das Mehl dazugeben und alles zu einem festen Teig kneten. Mit bemehlten Händen zu einem Ballen formen und mit Pergamentpapier oder Alufolie bedeckt 2 Stunden im Kühlschrank oder an einem kühlen Ort ruhenlassen.

Dann auf einer bemehlten Arbeitsfläche 2 cm dicke Rollen formen. Davon 2 cm dicke Scheiben abschneiden, zu Kugeln formen und auf ein gefettetes Backblech setzen. Die Kugeln mit dem Handballen etwas flachdrücken.

Oberfläche mit Eigelb bestreichen und auf jedes Stück 1 Mandelhälfte legen.

Backblech in den vorgeheizten Ofen auf die mittlere Schiene schieben und bei 200 Grad etwa 12 Minuten backen, bis sie leicht gebräunt sind.

Bunte Gewürzplätzchen

Für 80 Stück
TEIG:
*500 g Mehl * 2 gestrichene TL Backpulver *
2 Eier * 200 g Zucker * 1 Päckchen Vanillezucker *
abgeriebene Schale von 1 Zitrone * 250 g Margarine *
75 g geriebene Haselnüsse * 2 TL Lebkuchengewürz *
Mehl zum Ausrollen * Fett für das Blech **
GLASUR:
*150 g Puderzucker * 1 EL Zitronensaft **
GARNITUR:
*Buntzucker * dicke Liebesperlen * Schokoladenstreusel * Zitronat *
kandierte Kirschen*

Mehl mit Backpulver mischen. Auf ein Backbrett geben. In die Mitte eine Mulde drücken. Eier, Zucker, Vanillezucker und Zitronenschale hineingeben. Die Margarine in Flöckchen auf den Rand verteilen. Nüsse und Lebkuchengewürz noch in die Mulde geben.

Von außen nach innen schnell einen Mürbeteig kneten. 30 Minuten kalt stellen. Teig auf bemehlter Arbeitsfläche 34 mm dick ausrollen. Beliebige Formen ausstechen.

Auf einem gefetteten Blech in den vorgeheizten Ofen schieben und bei 200 Grad 15 Minuten backen.

Für die Glasur Puderzucker mit Zitronensaft glatt verrühren. Die Plätzchen in der Mitte damit überziehen. Mit Buntzucker, Liebesperlen, Schokoladenstreuseln, Zitronat und kandierten Kirschen belegen.

Butterplätzchen

Für 30 Stück
*125 g Butter * 125 g Puderzucker **
*1 Ei * 1 Eigelb * 1 Prise Salz **
*2 TL abgeriebene Orangenschale **
*275–300 g Mehl **
GLASUR:
*125 g Puderzucker * 2–3 EL Himbeersaft **
2–3 EL Mohnsamen

Butter in einem Töpfchen schmelzen. Zucker, Ei und Eigelb mit dem elektrischen Handrührgerät in etwa 5 Minuten zu einer Creme aufschlagen.

Zerlassene, ausgekühlte Butter, Salz und Orangenschale sorgfältig unter die Eiercreme rühren. Mehl dazusieben, unterheben und alles rasch zu einem Teig zusammenfügen. Zugedeckt 1 Stunde kalt stellen. Aus dem Teig zwei Rollen von gut 3 cm Durchmesser formen. Nochmals kalt stellen.

Rollen in 45 mm dicke Scheiben schneiden. Plätzchen auf ein mit Backpapier belegtes Blech legen. Auf der Mittelschiene im vorgeheizten Backofen bei 200 Grad 10 Minuten goldgelb backen.

Für die Glasur Puderzucker mit Himbeersaft glattrühren. Die Plätzchen damit bestreichen und den Mohnsamen auf die noch feuchte Glasur streuen.

Aprikosenherzen

<u>*Für 30 Stück*</u>
TEIG:
*250 g Mehl * 1 Prise Salz * 150 g Zucker **
*1 Päckchen Vanillezucker * 1 Ei **
*1 Prise Ingwer * 150 g Margarine **
FÜLLUNG:
*150 g Aprikosenmarmelade **
GARNITUR:
*2 Päckchen Kuvertüre **
*20 g Walnußkerne **
20 g Mandelstifte

Mehl in eine Schüssel geben und eine Vertiefung in die Mitte drücken. Salz, Zucker, Vanillezucker, das Ei und die Prise Ingwer hineingeben. Margarine in Flöckchen an den Rand verteilen. Von außen nach innen einen Mürbeteig kneten. 30 Minuten kalt stellen.

Ausrollen und Herzen ausstechen. Auf ein Backblech legen und im Ofen bei 200 Grad 10–15 Minuten backen.

Aus dem Ofen nehmen. Abkühlen lassen. Aprikosenmarmelade glattrühren. Die Hälfte der Plätzchen damit bestreichen. Die andere Hälfte darauf setzen. Kuvertüre nach Vorschrift auflösen.

Plätzchen damit überziehen. Mit Walnußkernen und Mandelstiften garnieren.

Kokosnußplätzchen

Für 30 Stück
FÜLLUNG:
*100 g Farinzucker * 100 g Zucker **
*1/2 TL gemahlener Zimt **
*1 Prise geriebene Muskatnuß **
*2 EL Speisestärke * 1/8 l Wasser **
*150 g Kokosraspel **
TEIG:
*250 g Mehl * 1 Ei * 1 Prise Salz **
*85 g Butter * 65 g Zucker **
*Mehl zum Ausrollen **
1 Eigelb zum Bestreichen

Für die Füllung Farinzucker, Zucker, Zimt, Muskat und Speisestärke in einem flachen Topf mischen. Wasser hineinrühren. Bei mittlerer Hitze unter Rühren kochen, bis sich der Zucker fast gelöst hat. Die Kokosraspel hinzufügen und gut mischen. Noch einmal aufkochen. Topf vom Herd nehmen. Füllung abkühlen lassen.

In der Zwischenzeit den Teig zubereiten. Dazu Mehl auf ein Backbrett oder in eine Schüssel geben. In die Mitte eine Mulde drücken und Ei und Salz dazugeben. Butter in Flöckchen darauf verteilen. Zucker darüberstreuen.

Von außen nach innen schnell einen glatten Teig kneten. Ein Backbrett oder die Arbeitsfläche mit Mehl bestäuben. Teig darauf gut messerrückendick ausrollen. Runde Teigstücke von 5 cm Durchmesser ausstechen. Auf die Hälfte die Füllung verteilen. Darauf die anderen Teigstücke legen. Ränder mit einer Gabel fest andrücken. Teig an der Oberfläche mit einer Nadel leicht einstechen. Auf ein ungefettetes Backblech legen.

Eigelb in einer Tasse gut verquirlen. Kokosnußplätzchen damit bestreichen. In den vorgeheizten Ofen auf die mittlere Schiene schieben und bei 200 Grad 20 Minuten backen.

Korinthenplätzchen

Für 45 Stück
*200 g Korinthen * 200 g Margarine **
*200 g Zucker * 1 Ei **
*1 Prise Salz * 2 EL Rum **
*je 1 Msp. Nelken und Zimt (beides gemahlen) **
*350 g Mehl * 1 TL Backpulver **
Mehl zum Ausrollen

Korinthen in warmem Wasser gründlich waschen und mit Haushaltspapier sehr gut trocknen. Margarine in einer Schüssel schaumig rühren. Zucker langsam einrieseln lassen. Aufgeschlagenes Ei, Salz, Rum, Nelken und Zimt zugeben. Mehl mit Backpulver mischen. Mit den Korinthen abwechselnd unterrühren.

Teig 30 Minuten zugedeckt im Kühlschrank ruhenlassen.

Backbrett oder Arbeitsfläche mit Mehl bestäuben. Teig möglichst dünn darauf ausrollen. Runde Plätzchen von 5 cm Durchmesser ausstechen.

Auf ein mit Backpapier ausgelegtes Blech legen. In den vorgeheizten Ofen (mittlere Schiene) schieben und bei 220 Grad 10 Minuten backen.

Rosinen-Nuß-Pralinen

Für 40 Stück
100 g kernlose Rosinen ✱
100 g kandierte Kirschen ✱ 2 cl Kirschwasser ✱
50 g Walnußkerne ✱ 50 g Vollmilchschokolade ✱
100 g Zartbitterschokolade ✱
50 g Puderzucker ✱
125 g Puderzucker zum Formen und Wenden

Rosinen unter heißem Wasser waschen, abtropfen lassen. Zusammen mit den kandierten Kirschen grob hacken. In einer Schüssel mit Kirschwasser beträufeln, zudecken und 20 Minuten ziehen lassen. Walnußkerne grob hacken. Schokolade in eine Schüssel bröckeln, im heißen Wasserbad langsam schmelzen.

Walnüsse, Puderzucker und die Rosinen-Kirsch-Mischung verrühren. Dabei eßlöffelweise die flüssige Schokolade zugeben. Gut durchrühren. Schüssel zudecken. In 20 Minuten im Kühlschrank erstarren lassen.

Puderzucker als kleinen Berg auf die Arbeitsfläche schütten. Die Hände darauf drücken. Je 1 Teelöffel von der Pralinenmasse abnehmen und zwischen den Handflächen zu einer Kugel von 2 cm Durchmesser formen. In Puderzucker wenden, auf einem mit Alufolie bezogenen Brett bei Zimmerwärme 12 Stunden trocknen lassen.

Hagebuttenkugeln

Für 35 Stück
TEIG:
*2 EL Hagebuttenkonfitüre **
*abgeriebene Schale von 1 Orange **
*200 g gemahlene Mandeln oder Haselnußkerne **
GLASUR:
*150 g Schokoladenkuvertüre **
GARNITUR:
3 EL gemahlene Mandeln oder Haselnußkerne

Für den Teig Hagebuttenkonfitüre mit der abgeriebenen Orangenschale und den gemahlenen Mandeln oder Haselnüssen in einer Schüssel gut verrühren und kleine Kugeln daraus formen. Kuvertüre im Wasserbad schmelzen lassen. Die Kugeln auf kleine Holzspießchen oder Spicknadeln stecken und in die warme Kuvertüre tauchen.

Noch feucht in den gemahlenen Mandeln oder Nüssen wälzen. Auf einem Kuchendraht trocknen lassen. Hagebuttenkonfekt in kleine Papierkapseln oder selbstgebastelte Konfektförmchen aus Alufolie setzen. Luftdicht verschlossen und kühl und trocken aufbewahrt halten die Kugeln wochenlang.

Hagebuttenkugeln können auch in Schokoladenstreuseln oder Buntzucker gewälzt werden.

Haselnußtrüffel

Für 40 Stück
*100 g Haselnüsse * 125 g Puderzucker **
*1 Eiweiß * 250 g halbbitter Schokolade **
4 EL süße Sahne

Haselnüsse auf einem Backblech ausbreiten. In den vorgeheizten Ofen auf die mittlere Schiene schieben und 15 Minuten bei 200 Grad bräunen.

Die Nüsse aus dem Ofen nehmen, abkühlen lassen. In der Mandelmühle mahlen und mit dem Puderzucker in eine Schüssel geben und alles vermischen. Eiweiß in einer anderen Schüssel steifschlagen, in die Schüssel gleiten lassen und unterheben. Schokolade in Stücke brechen. Im Wasserbad auflösen. Sahne einrühren und vom Herd nehmen. Zu den Haselnüssen geben und gut miteinander mischen. Ein Backbrett glatt mit Alufolie auslegen, Trüffelmasse 2 cm dick einfüllen und glattstreichen.

Erkalten lassen. Dann in 2 mal 2 cm große Würfel schneiden.

Haselnußtrüffel sollten möglichst bald gegessen werden. Man kann sie allerdings einige Tage im Kühlschrank aufheben.

Weihnachten

Markt und Straßen stehn verlassen,
still erleuchtet jedes Haus,
sinnend geh ich durch die Gassen,
alles sieht so festlich aus.

An den Fenstern haben Frauen
buntes Spielzeug fromm geschmückt,
tausend Kindlein stehn und schauen,
sind so wunderstill beglückt.

Und ich wandre aus den Mauern
bis hinaus ins freie Feld,
hehres Glänzen, heilges Schauern!
Wie so weit und still die Welt!

Sterne hoch die Kreise schlingen,
aus des Schnees Einsamkeit
steigt's wie wunderbares Singen –
o du gnadenreiche Zeit!

Joseph Freiherr von Eichendorff

Ein bunter Weihnachtsteller

Mandelspekulatius

Für 40 Stück

*500 g Weizenmehl * 1 Päckchen Backpulver **
*2 Eier * 250 g Butter * 250 g Zucker **
*150 g geriebene Mandeln * etwas abgeriebene Schale von*
*1 unbehandelten Zitrone **
*5 g Zimt * 2 g Nelkenpulver **
*1 g Kardamom * 1 TL Kakao **
Mehl zum Ausrollen

Das Mehl mit dem Backpulver vermischen und auf ein Backbrett schütten. In die Mitte eine Vertiefung drücken und die Eier hineingeben. Die gekühlte Butter in Flöckchen rund um das Mehl setzen. Zucker, Zitronenschale, Zimt, Nelkenpulver, Kardamom und Kakao darüberstreuen.

Alles schnell zu einem glatten Teig verkneten. Den Mürbeteig 30 Minuten in den Kühlschrank stellen.

Den Teig auf einem bemehlten Backbrett oder einer Arbeitsfläche dünn ausrollen. Die Spekulatiusformen (falls vorhanden) mit Mehl bestäuben und den Teig in die Form drücken. Die Figuren aus den Formen schlagen, den überschüssigen Teig mit einem spitzen Messer abschneiden. Man kann das Gebäck auch einfach mit Weihnachtsförmchen ausstechen.

Die Spekulatius auf das mit Backpapier ausgelegte Blech legen und auf der mittleren Schiene des vorgeheizten Backofens in 5 Minuten bei 200 Grad goldgelb backen.

Vanillekipferl

<u>Für 40 Stück</u>
*300 g Weizenmehl * 2 Eigelb * 200 g Butter **
*150 g geriebene Mandeln * 100 g Zucker **
*Mehl zum Formen **
60 g Puderzucker, mit Naturvanille gemischt, zum Wenden

Das Mehl auf die Arbeitsfläche oder auf ein Backbrett schütten, in die Mitte eine Vertiefung drücken und die Eigelbe hineingeben. Die gekühlte Butter in Flöckchen rund um das Mehl setzen, Mandeln und Zucker darüberstreuen.

Zuerst mit zwei Messern und dann mit beiden Händen schnell zu einem glatten Teig verkneten. Den Mürbeteig in Folie wickeln und 30 Minuten in den Kühlschrank stellen.

Aus dem Mürbeteig mit leicht bemehlten Händen kleine Kipferl (Hörnchen) formen und auf das mit Backpapier ausgelegte Blech geben. Die Kipferln auf der mittleren Schiene im vorgeheizten Backofen in 20–25 Minuten bei 175 Grad hellgelb backen.

Die Kipferln noch warm in dem Vanillezucker wenden und schichtweise zwischen Pergamentpapier in einer Blechdose aufbewahren.

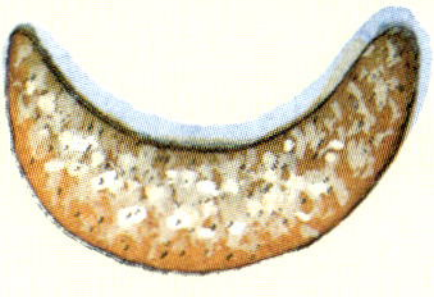

Gefüllte Spekulatius

Für 35 Stück

TEIG:

*300 g Mehl * 2 TL Backpulver * 300 g Zucker * 1 Päckchen Spekulatiusgewürz * abgeriebene Schale von 1 Zitrone * 2 Eier * 300 g gemahlene Mandeln * 300 g Butter **

FÜLLUNG:

*300 g Rohmarzipan * 300 g Puderzucker * 1 Eiweiß * Fett für das Blech * Mehl zum Ausrollen * 1 Ei zum Bestreichen * 100 g geschälte Mandeln*

Für den Teig Mehl und Backpulver mischen. In die Mitte eine Mulde drücken. Zucker, Spekulatiusgewürz, Zitronenschale und die Eier hineingeben. Mandeln darüberstreuen. Die Butter in Flocken darauf verteilen. Alles zu einem geschmeidigen Teig kneten. Mit Pergamentpapier bedeckt 60 Minuten kühlen. Rohmarzipan mit Puderzucker und Eiweiß in einer Schüssel geschmeidig kneten. Backblech einfetten. Auf dem Backblech die Hälfte des Spekulatiusteigs ausrollen.

Die Marzipanmasse zwischen zwei Blättern Pergamentpapier in der gleichen Größe ausrollen. Auf den Teig legen. Den restlichen Teig auf der bemehlten Arbeitsfläche in drei Teilen ausrollen. Auf das Marzipan legen, mit dem Rollholz die Nähte verbinden und andrücken. Mit Ei bestreichen. Mandeln halbieren und die Teigoberfläche in Mustern damit belegen. Mandeln mit Ei bestreichen.

Auf die mittlere Schiene in den vorgeheizten Ofen schieben und bei 180 Grad 50 Minuten backen.

Gefüllte Nußplätzchen

Für 30 Stück
TEIG:
*150 g Butter * 75 g Zucker **
*1 Ei * 80 g geriebene Walnußkerne **
*250 g Weizenmehl **
*1 Prise Salz **
FÜLLUNG:
*50 g Butter **
*50 g Zucker **
*40 g geriebene Walnußkerne **
*75 g Aprikosenkonfitüre **
*1 EL Rum **
80 g halbe Walnußkerne

Die Butter, den Zucker, das verquirlte Ei, die Walnußkerne, das Mehl und das Salz rasch zu einem festen Teig kneten. 1 Stunde kühl ruhenlassen.

Die Butter erwärmen und mit dem Zucker, den Walnußkernen, der Konfitüre und dem Rum mischen. Den Teig $^1/_2$ cm dick ausrollen. Runde Plätzchen von $4^1/_2$ cm Durchmesser ausstechen und auf ein mit Backpapier ausgelegtes Blech setzen. Bei 180 Grad auf mittlerer Schiene 15 Minuten backen. Auf einem Gitter auskühlen lassen.

Die Plätzchen auf der Unterseite mit der Füllung bestreichen. Je zwei Stück zusammensetzen und mit etwas Füllung die halben Walnußkerne befestigen. Auf einem Gitter trocknen lassen.

Zimtsterne

Für 30 Stück
3 Eiweiß *
250 g Puderzucker oder feiner Zucker *
1 EL gemahlener Zimt *
2 EL Zitronensaft oder Kirschwasser *
250–300 g geschälte Mandeln, fein gemahlen *
AUSSERDEM:
Zucker zum Ausrollen

Eiweiß steifschlagen. Zucker nach und nach dazusieben, dabei mindestens 7 Minuten weiterschlagen, bis die Masse glänzt. Davon gut 3 Eßlöffel für die Glasur zugedeckt beiseite stellen.

Zimt, Zitronensaft oder Kirschwasser und Mandeln unter den restlichen Eischnee heben. Zu einer Kugel formen und zugedeckt 1 Stunde kalt stellen.

Teig auf Zucker oder zwischen Backpapier $^1/_2$–$^3/_4$ cm dick ausrollen. Sterne ausstechen, auf ein mit Backpapier belegtes Blech setzen.

Jeden Stern mit der Glasur bestreichen. Am besten geht es mit einem feinen Pinsel. Die Spitzen mit einer Stricknadel herausziehen.

Zimtsterne, wenn möglich über Nacht, bei Zimmertemperatur trocknen lassen. Dann auf der Mittelschiene im vorgeheizten Backofen bei 225 Grad 4–5 Minuten backen. Die Glasur soll dabei hell bleiben.

Feine Mürbeteigsternchen

Für 25 Stück
*300 g Weizenmehl * 200 g Butter * 100 g Zucker **
*90 g geriebene, und geschälte Mandeln **
*1 Msp. gemahlene Nelken * 1 Msp. Zimt **
*1 Msp. gemahlenes Kardamom **
AUSSERDEM:
*Mehl zum Ausrollen * 100 g Puderzucker zum Bestreuen **
100 g Konfitüre zum Bestreichen

Das Mehl auf ein Backbrett schütten. Die kalte Butter in Flöckchen dazugeben, Zucker, Mandeln und Gewürze darüberstreuen. Zuerst mit zwei Messern, dann mit beiden Händen schnell zu einem glatten Teig verkneten. Anschließend 30 Minuten kalt stellen.

Den Teig auf einem bemehlten Backbrett messerrückendick ausrollen und mit einer Form Sterne ausstechen. Bei der Hälfte der Sterne noch mal in der Mitte ein kleines rundes Plätzchen ausstechen, so daß ein Loch entsteht.

Die Plätzchen auf ein mit Backpapier ausgelegtes Blech geben und auf der mittleren Schiene des vorgeheizten Backofens bei 180 Grad in 10–15 Minuten goldgelb backen.

Die Sternchen mit der ausgestochenen Mitte mit Puderzucker übersieben, die übrigen in der Mitte mit Konfitüre bestreichen. Die mit Puderzucker übersiebten Sterne so auf die mit Marmelade bestrichenen setzen, daß die Zacken der Sternchen versetzt aufeinanderliegen.

Feigenmakronen

Für 60 Stück
250 g ungeschälte Mandeln
250 g getrocknete Feigen
250 g Rosinen
4 Eiweiß
1 Prise Salz
200 g Puderzucker
60 kleine runde Oblaten

Mandeln fein stifteln, Feigen fein würfeln. Beides mit den Rosinen mischen.

Eiweiß mit der Prise Salz zu steifem Schnee schlagen. Nach und nach Puderzucker hineinschlagen, dann die zerkleinerten Früchte unterheben. Teig auf die Oblaten verteilen. Einen schmalen Rand rundherum frei lassen, weil die Makronen beim Backen noch aufgehen. Aufs Backblech setzen und auf die mittlere Schiene in den vorgeheizten Ofen schieben.

Bei 160 Grad 30 Minuten trocknen lassen.

Kokosnußmakronen

Für 55 Stück
4 Eiweiß *
200 g Zucker *
280 g Kokosraspel *
abgeriebene Schale von 1 Zitrone

Eiweiß in einer Schüssel sehr steif schlagen. Nach und nach Zucker einrieseln lassen. Dabei immer weiterschlagen, damit die Masse fest wird. Kokosraspel und abgeriebene Zitronenschale zugeben. Mit einem Holzlöffel vorsichtig unterheben.

Backblech mit Backpapier auslegen. Mit einem Teelöffel kleine Teighäufchen daraufsetzen. In den vorgeheizten Ofen auf die mittlere Schiene schieben und bei 160 Grad in 30 Minuten fest werden lassen.

Blech aus dem Ofen nehmen. Makronen mit einem dünnen Pfannenmesser sofort vom Blech lösen. Auf einen Kuchendraht legen und abkühlen lassen. Sie können die Makronen ebenso auf Oblaten backen.

Mandelmakronen

Für 30 Stück
200 g gemahlene Mandeln *
250 g Zucker * *50 ml Milch* * *2 Eiweiß* *
30 Oblaten von 6 cm Durchmesser *
100 g Hagelzucker zum Bestreuen

Mandeln, Zucker und Milch unter ständigem Rühren erhitzen, aber nicht kochen lassen. So lange weiterrühren, bis sich der Zucker ganz gelöst hat. Masse abkühlen lassen. Eiweiß zu steifem Schnee schlagen und die Mandelmasse eßlöffelweise unterziehen.

Oblaten auf einem Backblech verteilen. Mit zwei Teelöffeln, die oft in kaltes Wasser getaucht werden, kleine Häufchen auf die Oblaten setzen. Mit Hagelzucker bestreuen. In den vorgeheizten Ofen auf die mittlere Schiene schieben und bei 180 Grad in 20 Minuten trocknen lassen.

Mandelmakronen auf dem Blech abkühlen lassen. Oblatenränder abbrechen.

Schokoladenmakronen

Für 85 Stück

TEIG:

125 g bittere Schokolade ✶

5 Eiweiß ✶

250 g Zucker ✶

1 Prise Salz ✶

250 g ungeschälte gemahlene Mandeln ✶

AUSSERDEM:

85 runde Oblaten von 5 cm Durchmesser

Die Schokolade fein reiben. Eiweiß in einer Schüssel steifschlagen. Zucker und Salz nach und nach einrieseln lassen. Geriebene Schokolade und gemahlene Mandeln unterheben.

Oblaten auf ein Backblech legen. Makronenteig mit zwei Teelöffeln darauf verteilen. Blech in den vorgeheizten Ofen auf die mittlere Schiene schieben und bei 160 Grad in 30 Minuten fest werden lassen.

Während der letzten 10 Minuten die Backofentür einen Spalt weit öffnen. Dazu einen Holzlöffel zwischen Tür und Ofen klemmen.

Schokoladenmakronen aus dem Ofen nehmen, vom Blech lösen und auf einem Kuchendraht abkühlen lassen. Überstehende Oblatenränder abbröckeln.

Orangenmakronen

Für 45 Stück

3 Eiweiß * 250 g Zucker * 1 Prise Salz *
1 Päckchen Vanillezucker *
150 g gemahlene Mandeln *
abgeriebene Schale von 3 Orangen *
1 TL Maraschinolikör * 1/2 TL Zimt *
45 Oblaten von 5 cm Durchmesser *
Mehl zum Bestäuben

Eiweiß in einer Schüssel verschlagen. Nach und nach Zucker, Salz und Vanillezucker dazugeben. So lange schlagen, bis eine cremige Masse entsteht. Dann Mandeln, Orangenschale, Maraschinolikör und Zimt unterrühren.

Mit zwei Teelöffeln, die zwischendurch immer wieder in kaltes Wasser getaucht werden, kleine Häufchen abstechen und auf die Oblaten setzen. Backblech mit Mehl bestäuben. Oblaten im Abstand von 2 cm auf das Blech setzen.

Auf die unterste Schiene in den vorgeheizten Ofen schieben und bei 120 Grad in 60 Minuten trocken werden lassen.

Blech aus dem Ofen nehmen. Makronen vom Blech lösen und überstehende Oblatenränder abbrechen.

Anisbrötli

Für 50 Stück

*400 g Zucker * 6 Eier * 500 g Mehl *
ein paar Tropfen Zitronensaft *
15 g Anissamen (grob zerstoßen) *
Fett für das Blech * 100 g Zucker zum Bestreuen*

Zucker und Eier im leicht erwärmten Wasserbad schaumig schlagen. Das Mehl nach und nach unter die Eimasse mischen. Zitronensaft und Anis zugeben.

Den weichen Teig in einen Spritzbeutel füllen und mit der großen glatten Tülle dicke Tupfer auf das eingefettete Blech setzen. Anisbrötli dick mit Zucker bestreuen. Zuckerreste vorsichtig vom Blech abklopfen.

Die Brötli bei Zimmertemperatur etwa 4 Stunden trocknen lassen, bis sie eine krustige Oberfläche haben. Im vorgeheizten Backofen auf der mittleren Schiene bei 160 Grad 20–25 Minuten hell backen. Sofort vom Blech lösen.

Biberle

Für 35 Stück
TEIG:
*2 Eier * 100 g Zucker **
*200 g Honig **
*1 TL Zimt **
*1 Prise Piment **
*500 g Mehl **
*1/2 Päckchen Backpulver **
*200 g Marzipanrohmasse **
AUSSERDEM:
*200 g Kuvertüre oder 2 Eiweiß **
250 g Puderzucker

Eier mit Zucker und Honig schaumig rühren. Zimt und Piment hineingeben. Mehl mit Backpulver mischen. Auf die Schaummasse sieben und unterheben. Teig kühl stellen.

Ausrollen und in 8 cm breite, 10 cm lange Streifen schneiden. Marzipanrohmasse kneten. Fingerdicke, 10 cm lange Rollen daraus formen. In die Teigstreifen wickeln. Kleine dreieckige Stücke (etwa wie Spitzkuchen) abschneiden. In den vorgeheizten Ofen schieben und bei 180 Grad 30 Minuten backen.

Aus dem Ofen nehmen. Abkühlen lassen. Mit im Wasserbad zerlassener Kuvertüre überziehen. Oder mit Zuckerguß, den Sie aus dem steifgeschlagenen Eiweiß mit Puderzucker rühren.

Schokoladenherzen

Für 50 Stück
TEIG:
*375 g ungeschälte Mandeln * 100 g bittere Schokolade **
*3 Eiweiß * 375 g Zucker **
*1/2 TL gemahlener Ingwer * feiner Zucker zum Ausrollen **
*Fett für das Blech **
GLASUR:
*200 g Bitterkuvertüre * 20 g Kokosfett **
5 in Sirup eingelegte Ingwerpflaumen

Ungeschälte Mandeln und Schokolade mit der Küchenmaschine oder Mandelmühle fein mahlen. Eiweiß in einer Schüssel zu steifem Schnee schlagen. Zucker hineinrühren. Mandeln, Schokolade und gemahlenen Ingwer zufügen.

Erst mischen, dann kneten. Teig auf einer mit Zucker bestreuten Arbeitsfläche knapp 1/2 cm dick ausrollen und Herzen ausstechen. Herzen auf ein gefettetes Blech legen. In den vorgeheizten Ofen auf die mittlere Schiene schieben und bei 160 Grad 30 Minuten backen.

Fertiges Gebäck aus dem Ofen nehmen. Auf einem Kuchendraht abkühlen lassen.

Für die Glasur Kuvertüre in Stücke schneiden. In einem Gefäß im heißen Wasserbad schmelzen. Kokosfett in einer Pfanne zerlassen. In die Kuvertüre rühren. Ingwerpflaumen abtropfen lassen und fein würfeln. Die abgekühlten Schokoladenherzen mit der Kuvertüre überziehen und mit den gehackten Ingwerpflaumen bestreuen.

Frankfurter Bethmännchen

Für 35 Stück
*250 g geschälte Mandeln * 1 Eiweiß **
*150 g Puderzucker * 3 EL Rosenwasser **
*2 TL Zitronensaft * 1 Prise Salz **
*20 g Speisestärke **
AUSSERDEM:
*1 Eiweiß * 65 g geschälte Mandelhälften*

Die geschälten Mandeln zweimal durch die Mandelmühle drehen. Eiweiß steifschlagen. Zusammen mit Puderzucker, Rosenwasser, Zitronensaft, der Prise Salz und der Speisestärke zu den Mandeln geben. Daraus einen glatten Teig kneten.

Mit feuchten, aber nicht nassen Händen aus der Masse kleine Kugeln von gut 2 cm Durchmesser formen. Kugeln mit Eiweiß bestreichen und an jede 3 halbe Mandeln der Höhe nach andrücken. Auf ein mit Backpapier ausgelegtes Blech setzen und in den vorgeheizten Ofen auf die mittlere Schiene schieben.

Bei 140 Grad in 45 Minuten trocken werden lassen.

Nürnberger Busserl

Für 104 Stück
*4 Eier * 250 g Farinzucker **
*250 g Honig **
*50 g gemahlene Haselnüsse **
*1 kg Mehl **
*1 Päckchen Backpulver **
*1/2 TL gemahlener Zimt **
*1 Msp. gemahlene Nelken **
*30 g Zitronat **
*30 g Orangeat **
AUSSERDEM:
*50 g Zitronat **
Fett für das Blech

Eier und Zucker in einer Schüssel schaumig rühren. Honig nach und nach zugeben. Haselnüsse und Mehl mit Backpulver unterrühren. Gewürze zugeben. Teig gut durchkneten. Zitronat und Orangeat fein würfeln und hineinkneten.

Aus dem Teig mit angefeuchteten Händen Kugeln von 2 cm Durchmesser formen. In jede Kugel ein Stück Zitronat drücken. Auf das eingefettete Backblech setzen. In den vorgeheizten Ofen auf die mittlere Schiene schieben und bei 180 Grad 15 Minuten backen.

Blech aus dem Ofen nehmen und die Busserl auf einem Kuchendraht auskühlen lassen.

Lied des Nußknackers

König Nußknacker, so heiß ich.
Harte Nüsse, die zerbeiß ich.
Süße Kerne schluck ich fleißig;
doch die Schalen, ei die schmeiß ich
lieber andern hin,
weil ich König bin.
Aber seid nicht bang!
Zwar mein Bart ist lang
und mein Kopf ist dick
und gar wild mein Blick;
doch was tut denn das?

Tu kein'm Menschen was,
bin im Herzensgrund,
trotz dem großen Mund,
ganz ein guter Jung,
lieb Veränderung,
amüsier mich gern
wie die großen Herrn.
Arbeit wird mir schwer,
und dann mag ich sehr
frommen Kindersinn,
weil ich König bin.

Heinrich Hoffmann

Lebkuchen, Printen und Pfeffernüsse

Pfeffernüsse

Für 110 Stück

*5 Eier * 500 g Zucker **
*abgeriebene Schale von 1 Zitrone **
*1 Prise Salz **
je 1 Msp. Zimt, geriebene Muskatnuß,
*gemahlener Ingwer, Piment und Kardamom **
*3 Msp. weißer Pfeffer **
*60 g gewürfeltes Zitronat **
*60 g gewürfeltes Orangeat * 1 EL Rum **
*Hirschhornsalz * 750 g Mehl **
*Mehl zum Bestäuben **
Fett für das Blech

Eier in einer Schüssel schaumig rühren. Zucker nach und nach einrieseln lassen und unterrühren. Zitronenschale, Salz, Gewürze, Zitronat, Orangeat und das in Rum aufgelöste Hirschhornsalz mit dem Mehl zugeben. Zu einem geschmeidigen Teig kneten.

Über Nacht zugedeckt kühl ruhenlassen.

Am nächsten Tag aus dem Teig kleine Kugeln im Durchmesser von 2 cm formen. In wenig Mehl wälzen

Pfeffernüsse auf ein gefettetes Blech setzen. Im vorgeheizten Ofen auf mittlerer Schiene bei 180 Grad 20 Minuten backen.

Backblech mit den Pfeffernüssen aus dem Ofen nehmen und die Pfeffernüsse auf einem Kuchendraht auskühlen lassen.

Schokoladenprinten

Für 30 Stück

225 g ungeschälte gemahlene Mandeln ✻
1 1/2 EL Kakao ✻
1 1/2 EL Öl ✻
6 EL Wasser ✻
1 EL Arrak ✻
225 g Zucker ✻
feiner Zucker zum Ausrollen ✻
150 g Schokoladenkuvertüre

Mandeln, Kakao, Öl, Wasser, Arrak und Zucker in einer Schüssel mischen und zu einem lockeren Teig kneten. Auf einer mit Zucker bestreuten Arbeitsfläche knapp 5 mm dick ausrollen. Rechteckige Printen (3 mal 6 cm) ausstechen oder ausschneiden.

Printen mit dem Pfannenmesser vorsichtig auf ein Backblech legen. Blech in den vorgeheizten Ofen auf die mittlere Schiene schieben und bei 180 Grad 12 Minuten backen.

Blech aus dem Ofen nehmen. Printen auf einem Kuchendraht abkühlen lassen. Kuvertüre in einem Becher im heißen Wasserbad schmelzen. Die noch warmen Printen mit der Kuvertüre bestreichen. Auskühlen lassen.

Lebkuchen mit Füllung

Für 72 Stück

TEIG:
*200 g Honig * 75 g Butter * 500 g Mehl **
*1 Ei * 120 g Zucker * 1 Prise Salz **
*1 EL Rum * 1 gehäufter TL Backpulver **
*1/2 TL gemahlene Nelken **
*1 Msp. gemahlener Kardamom * 2 TL Zimt **
*abgeriebene Schale von 1/2 Zitrone **

FÜLLUNG:
*100 g Honig * 100 g geriebene Blockschokolade **
*200 gemahlene Haselnüsse * 2 EL Rum (3 cl) **
*250 g kernlose Rosinen * Mehl zum Ausrollen **
Fett für das Blech

Für den Teig Honig und Butter in einem Topf unter Rühren langsam erwärmen, bis eine geschmeidige Masse entsteht. In eine Schüssel geben und etwas abkühlen lassen. Mehl, Ei, Zucker, Salz, Rum, Backpulver, die Gewürze und Zitronenschale dazugeben. Soweit wie möglich alles miteinander verrühren und dann zu einem geschmeidigen Teig kneten.

Für die Füllung Honig in einem Topf erwärmen, bis er flüssig wird. Schokolade, Haselnüsse und Rum unterrühren. Rosinen in einem Sieb unter heißem Wasser waschen. Abtropfen lassen und in einem Küchentuch trockenreiben. In die Füllung geben.

Teig auf der bemehlten Arbeitsfläche in der Breite eines Backblechs etwa 3 mm dick ausrollen. Halbieren.

Eine Teigplatte auf das eingefettete Blech legen. Füllung darauf streichen und mit der zweiten Teigplatte abdecken.

Blech in den vorgeheizten Ofen auf die mittlere Schiene schieben und bei 180 Grad 40 Minuten backen.

Lebkuchen aus dem Ofen nehmen und sofort in 3 mal 6 cm große Rechtecke schneiden. Vom Blech lösen und auf einem Kuchendraht abkühlen lassen. Lebkuchen in einer verschlossenen Blechdose oder einem Steinguttopf mit Deckel aufheben. So bleiben sie einige Wochen frisch.

Pfefferkuchen

<u>Für 140 Stück</u>
*500 g Honig * 500 g Zuckerrübensirup **
*500 g Zucker * 250 g Butter **
*2 kg Mehl * 1 Päckchen Zimt **
*4 Msp. gemahlene Nelken * 10 g Pottasche **
*10 g Hirschhornsalz * 6 EL Wasser **
*50 g gemahlene Mandeln **
*50 g gewürfeltes Zitronat **
*Mehl zum Bestäuben * Fett für das Blech **
GLASUR:
*300 g Puderzucker **
*3 EL Zitronensaft **
*6 EL Wasser **
AUSSERDEM:
300 g fertige Schokoladenglasur

Honig, Sirup, Zucker und Butter in einem Topf unter Rühren schmelzen, dann abkühlen lassen. Mehl in eine Schüssel geben. In die Mitte eine Mulde drücken. Zimt und gemahlene Nelken hineinstreuen, Pottasche und Hirschhornsalz getrennt mit Wasser auflösen. Zugedeckt 10 Minuten stehenlassen.

Honigmasse in die Mitte des Mehls geben. Gut verrühren. Hirschhornsalz und die Pottasche, Mandeln und Zitronat zugeben und den Teig geschmeidig kneten.

Teig ruhen lassen. Auf bemehlter Arbeitsfläche ½ cm dick ausrollen. 3 mal 7 cm große Rechtecke ausradeln. Auf ein gefettetes, mit Mehl bestäubtes Backblech legen.

In den vorgeheizten Ofen auf die mittlere Schiene schieben und bei 180 Grad 15 Minuten backen.

Für die Glasur gesiebten Puderzucker mit Zitronensaft und Wasser in einer Schüssel glattrühren. Schokoladenglasur nach Vorschrift auflösen. Einen Teil Lebkuchen mit Zucker- die übrigen mit Schokoladenguß glasieren. Trocknen lassen.

Elisenlebkuchen

Für 15 Stück
*2 Eier * 1 Eiweiß **
*250 g Farinzucker **
*1 EL Zimt **
je 1 TL gemahlener Kardamom,
*Mazis, Nelken und Ingwer **
*abgeriebene Schale von 1 unbehandelten Zitrone **
*35 g Orangeat, fein gehackt **
*35 g Zitronat, fein gehackt **
300–400 g fein gemahlene Mandeln oder auch ein
*Drittel der Menge Haselnüsse **
*15 Oblaten zum Aufstreichen von 8 cm Durchmesser **
*50 g ganze abgezogene Mandeln zum Verzieren **
GLASUR:
*100 g Puderzucker **
*1 EL heißes Wasser **
1 EL Rum oder etwas Zitronensaft

Die Eier, Eiweiß und Farinzucker mindestens 15 Minuten miteinander verrühren, bis sich der Zucker aufgelöst hat und eine gute Bindung entstanden ist. In diese Mischung gibt man alle würzenden Zutaten und verrührt gründlich. Zuletzt die Mandeln oder auch anteilig Haselnüsse beifügen. Die Masse muß so fest sein, daß der Löffel aufrecht darin stecken bleibt. Ansonsten müssen geriebene Mandeln (oder Haselnüsse) beigefügt werden.

Dann den Lebkuchenteig auf Oblaten aufstreichen. Pro Oblate etwa einen gehäuften Eßlöffel von der Masse auf die Mitte setzen. Dann mit einem breiten Messer in

Form drücken. Anschließend vom Rand her den Lebkuchen nach oben streichen und dabei glätten. Der Lebkuchen soll etwa 1–1 $^1/_2$ cm hoch sein und die Oblate noch einen freien Rand von $^1/_2$ cm Breite haben.

Die aufgestrichenen Lebkuchen am besten mit einer Kuchenschaufel auf das ungefettete Blech heben. Dann mit Mandeln, nach Belieben auch mit Zitronat, hübsch dekorieren. In einem trockenen, nicht kühlen Raum die Lebkuchen über Nacht, mindestens aber 12–15 Stunden, trocknen lassen.

Am nächsten Tag im vorgeheizten Backofen auf der zweiten Schiene von oben, bei 175 Grad etwa 25–30 Minuten trocknen lassen. Für die Glasur den Puderzucker mit heißem Wasser und Rum verrühren. Die abgekühlten Lebkuchen damit bestreichen.

Farinlebkuchen

Für 90 Stück
TEIG:
*8 Eiweiß * 500 g Farinzucker **
*800 g geriebene Mandeln **
*je 50 g fein gewürfeltes Zitronat und Orangeat **
*1 TL Zimt * 1 Prise Nelkenpfeffer **
*1 Prise Kardamom * 1 Prise Salz **
*abgeriebene Schale von 1 Zitrone **
*90 runde Oblaten **
GLASUR:
*250 g Puderzucker * 4 EL Wasser * 2 EL Rum **
GARNITUR:
Schokoladenstreusel, bunte Zuckerstreusel und ganze, ungeschälte Mandeln

Eiweiß zu steifem Schnee schlagen. Nach und nach den Farinzucker hineinrieseln lassen und so lange rühren, bis die Masse schaumig ist. Geriebene Mandeln, Zitronat, Orangeat und die Gewürze dazugeben. Gut verrühren. Je 1 Teelöffel Teig auf die Oblaten geben. Dabei einen Rand frei lassen, weil die Lebkuchen noch aufgehen.

Auf die oberste Schiene in den vorgeheizten Ofen schieben und bei 160 Grad 30 Minuten backen. Aus dem Ofen nehmen und auf dem Kuchendraht auskühlen lassen.

Für die Glasur Puderzucker mit Wasser und Rum verrühren. Farinlebkuchen damit gleichmäßig bestreichen. Vor dem Trocknen je ein Drittel mit Schokoladenstreusel, Buntzucker und Mandeln garnieren. Der Belag haftet dann besser.

Lebkuchenherzen

Für 90 Stück
TEIG:
*500 g Honig * 250 g Zucker * 125 g Butter **
*2 Eier * Salz * je 30 g Zitronat und Orangeat **
*2 TL gemahlener Zimt * je 1/2 TL gemahlene Nelken und Mazisblüte * 1 kg Mehl * 1 1/2 Päckchen Backpulver **
*Fett für das Blech **
GLASUR:
*200 g zartbittere Schokolade * 20 g Kokosfett*

Honig mit Zucker und Butter in einem Topf aufkochen. Topf vom Herd nehmen und rühren, bis die Masse lauwarm ist. Eier verquirlen. Salz, fein gewürfeltes Zitronat und Orangeat, Zimt, Nelkenpulver und Mazisblüte dazugeben. Mehl und Backpulver mischen und unterrühren.

Teig gut kneten. Auf bemehlter Arbeitsfläche 1 cm dick ausrollen, etwa 4 cm hohe und 5 cm breite Herzen ausstechen. Lebkuchenherzen auf das gefettete Blech legen. In den vorgeheizten Ofen auf die mittlere Schiene schieben und bei 220 Grad 15 Minuten backen.

Aus dem Ofen nehmen, ablösen und die Lebkuchenherzen auf einem Kuchendraht abkühlen lassen.

Für die Glasur Schokolade in Stücke brechen und mit Kokosfett im Wasserbad unter Rühren schmelzen. Topf mit Glasur aus dem Wasserbad nehmen und weiterrühren, bis die Masse streichfähig wird. Die abgekühlten Lebkuchenherzen damit überziehen.

Braune Lebkuchen

Für 35 Stück
TEIG:
*500 g Honig * 250 g Zucker * 750 g Mehl * 125 g geriebene Schokolade * 125 g sehr fein gehackte Mandeln * je 1 TL Zimt und Kakao * 1/4 TL gemahlene Nelken * 1 Prise Salz * 3 TL Hirschhornsalz * 1 EL Wasser * Fett für das Blech * 4 EL Rosenwasser **
GLASUR:
*200 g Kuvertüre * 30 g geschälte Pistazien*

Honig und Zucker im Topf erhitzen und flüssig werden lassen. Leicht abkühlen lassen. Mehl, geriebene Schokolade, Zitronat, Mandeln, Zimt, Kakao, Nelken und Salz mischen und in die Honigmasse geben.

Hirschhornsalz mit Wasser verrühren und dazugeben. Gut miteinander verkneten. Backblech einfetten. Teig darauf ausrollen. 4 Tage bei Zimmertemperatur ruhenlassen.

Vor dem Backen dünn mit Rosenwasser bestreichen. In den vorgeheizten Ofen schieben und bei 180 Grad 30–35 Minuten backen.

Kuchen vom Blech lösen. Noch warm mit Rosenwasser bestreichen. Kuvertüre im Wasserbad auflösen. Sofort darüberstreichen. In 6 mal 6 cm große Quadrate schneiden. Pistazien hacken und die Lebkuchen damit garnieren.

In einer gut verschlossenen Blechdose bleiben die Lebkuchen einige Wochen frisch.

Lebkuchen ungefüllt

Für 36 Stück

TEIG:

*500 g Mehl * 1 Ei * 125 g Butter * 300 g Honig * 125 g Farinzucker * 50 g Aprikosenmarmelade * 1 TL Zimt * 1 EL Kakao * abgeriebene Schale von 1 Zitrone und 1 Orange * 250 g gemahlende Mandeln * 1 TL Natron * 1 EL Wasser * Fett für das Blech **

GLASUR:

*150 g Puderzucker * 2 EL Rum * 1 EL heißes Wasser **

AUSSERDEM:

150 g geschälte, halbierte Mandeln

Alle Teigzutaten bis auf Natron und Wasser so lange kneten, bis ein weicher, geschmeidiger Teig entsteht. Das in Wasser aufgelöste Natron zugeben und gut unterkneten.

Ein Backblech von 32 mal 36 cm einfetten. Teig 6 mm dick darauf streichen. An die offene Seite ein gefalztes Stück Alufolie drücken. Backblech in den vorgeheizten Ofen auf die mittlere Schiene schieben und den Teig bei 180 Grad 30 Minuten backen.

Lebkuchen aus dem Ofen nehmen. In 4 mal 8 cm große Rechtecke schneiden. Für die Glasur den gesiebten Puderzucker, Rum und Wasser glattrühren. Auf die noch warmen Lebkuchen streichen.

Jeden Lebkuchen in der Mitte mit 4 Mandeln belegen. Lebkuchen in einer verschlossenen Blechdose aufbewahren. Dann bleiben sie frisch.

Schokoladenlebkuchen mit Nüssen

Für 60 Stück

TEIG:

50 g kernlose Rosinen *

50 g Datteln ohne Kerne *

*3 Eiweiß * 240 g feiner Zucker* *

150 g gemahlene Haselnüsse *

75 g geriebene Vollmilchschokolade *

1 Päckchen Vanillezucker *

75 g Speisestärke *

60 Oblaten von 5 cm Durchmesser *

GLASUR:

125 g Kuvertüre

Rosinen auf einem Sieb unter heißem Wasser waschen. In einem Küchentuch gründlich trockenreiben. Datteln grob hacken.

Eiweiß in einer Schüssel mit Zucker steifschlagen. Gemahlene Nüsse, Schokolade, Vanillezucker, Rosinen, Datteln und Speisestärke unterheben. Oblaten auf ein Backblech legen. Teighäufchen auf die Oblaten setzen. Blech in den vorgeheizten Ofen auf die mittlere Schiene schieben und bei 180 Grad 35 Minuten backen.

Blech aus dem Ofen nehmen. Lebkuchen vom Blech lösen. Auf einem Kuchendraht abkühlen lassen. Kuvertüre im warmem Wasserbad auflösen. Lebkuchen damit bestreichen und die Glasur erstarren lassen.

Lebkuchen mit Mandeln

Für 45 Stück
*300 g gehackte Mandeln * 6 Eigelb * 500 g Farinzucker * 1 Päckchen Vanillezucker * 8 g Hirschhornsalz * 1 EL Rum * 1 TL Zimt * je 1 Prise gemahlene Nelken und geriebene Muskatnuß * je 50 g Rosinen * Orangeat und Zitronat * 500 g Mehl * 6 Eiweiß * 45 Oblaten (7 cm) **
GARNITUR:
*250 g Puderzucker * 6 EL Rum * 100 g geschälte, halbierte Mandeln * 100 g kandierte Kirschen*

Mandeln in einer beschichteten Pfanne rösten, bis sie hellgelb sind. Eigelb mit Farin- und Vanillezucker in einer Schüssel schaumig rühren.

Hirschhornsalz in Rum auflösen. Mit Zimt, gemahlenen Nelken, Muskat, gewaschenen, abgetropften Rosinen, Orangeat, Zitronat und den gerösteten Mandeln zu dem Eischaum geben. Mehl darübersieben und unterrühren. Eiweiß in einem Topf steifschlagen. Unter den Teig heben.

Teig fingerdick auf rechteckige oder runde Oblaten streichen. Auf ein Backblech setzen und vor dem Backen 3 Stunden trocknen lassen. Das Backblech dann auf die mittlere Schiene in den vorgeheizten Ofen schieben und bei 180 Grad 13 Minuten backen.

Für die Glasur Puderzucker mit Rum 10 Minuten glattrühren. Die noch warmen Lebkuchen damit bestreichen. Hübsch mit geschälten, halbierten Mandeln und kandierten Kirschen garnieren.

Nürnberger Lebkuchen

Für 15 Stück

TEIG:

4 Eier ✳
250 g Zucker ✳
250 g abgezogene Mandeln, fein gewiegt ✳
4 g Mazisblüte ✳ *4 g Kardamom* ✳
5 g Zimt ✳ *2 g Nelkengewürz* ✳
abgeriebene Schale von 1/2 unbehandelten Zitrone ✳
je 25 g Zitronat und Orangeat, fein gewiegt ✳
250 g Weizenmehl ✳ *1/2 TL Backpulver* ✳
15 runde Oblaten ✳

GLASUR:

125 g Puderzucker ✳ *1–2 EL Zitronensaft* ✳
bunter Streuzucker oder Schokoladenstreusel zum Bestreuen

Für den Teig die Eier mit dem Zucker so lange rühren, bis die Masse dick und schaumig ist. Mandeln, Gewürze, Zitronat und Orangeat sowie das mit Backpulver gesiebte Mehl hinzufügen.

Auf dem Backblech die Oblaten verteilen. Die Teigmasse halbfingerdick darauf streichen. Das Gebäck über Nacht stehenlassen.

Den Backofen auf 180 Grad vorheizen. Die Lebkuchen auf der mittleren Schiene des Backofens 20–25 Minuten backen. Puderzucker und Zitronensaft verrühren und die Lebkuchen noch warm mit Zuckerglasur bestreichen. In die Mitte etwas bunten Streuzucker oder Schokoladenstreusel geben.

Aachener Printen

Für 65–70 Stück
*500 g Sirup * 3 EL Wasser **
*5 g Pottasche * 150 g Kandiszucker **
*100 g Zucker * 600 g Mehl **
*50 g gewürfeltes Orangeat **
*1 Prise Piment * 3 gehäufte TL Anis **
*2 TL Koriander * 2 gehäufte TL Zimt **
je 1 Prise Nelkenpfeffer,
Kardamom, Muskatnuß und Natron

Sirup mit Wasser erhitzen. Pottasche in etwas Wasser auflösen. Mit kleingeschlagenem Kandiszucker und den übrigen Zutaten zum Sirup geben. Teig gut kneten. Am besten über Nacht stehenlassen.

Den Teig 3 mm dick ausrollen, 3 mal 8 cm große Rechtecke ausschneiden. Backblech mit Wasser bestreichen. Teigstücke darauf legen und bei 220 Grad etwa 15 Minuten backen.

Christkind im Walde

Christkind kam in den Winterwald,
der Schnee war weiß, der Schnee war kalt.
Doch als das heil'ge Kind erschien,
fing's an im Winterwald zu blühn.

Christkindlein trat zum Apfelbaum,
erweckt' ihn aus dem Wintertraum.
»Schenk Äpfel süß, schenk Äpfel zart,
schenk Äpfel mir von aller Art!«

Der Apfelbaum, er rüttelt' sich,
der Apfelbaum, er schüttelt' sich,
da regnet's Äpfel ringsumher;
Christkindleins Taschen wurden schwer.

Die süßen Früchte alle nahm's,
und also zu den Menschen kam's.
Nun, holde Mäulchen kommt, verzehrt,
was euch Christkindlein hat beschert!

Ernst von Wildenbruch

Figuren aus Teig

Sterne

Für 6 Stück
1 kg ungeschälte Mandeln *
6 Eiweiß *
1 Prise Salz *
800 g feiner brauner Zucker *
40 g gemahlener Zimt *
2 EL Kirsch- oder Zitronensaft *
Zucker zum Ausrollen *
GARNITUR:
verschiedene Nußarten wie Hasel- oder Cashewnüsse, Mandeln, Sonnenblumen- oder Sesamkerne

Mandeln in einem Küchentuch abreiben, dann durch die Mandelmühle drehen. Eiweiß und Salz zu sehr festem Schnee schlagen. Zucker unter ständigem Schlagen einrieseln lassen. Knapp 2 Tassen Eiweißmasse als Glasur zur Seite stellen. Restlichen Eischnee mit den gemahlenen Mandeln, Zimt und Kirsch- oder Zitronensaft verrühren.

Den Teig auf einer mit Zucker bestreuten Arbeitsfläche 2 cm dick ausrollen. Aus Karton einen sechszackigen Stern von etwa 16 cm Durchmesser schneiden. Auf den Teig legen. Mit einem spitzen Messer Sterne ausschneiden. Jeder wiegt dann etwa 200 g. 2–3 Stunden zum Trocknen stehen lassen.

Sterne auf ein Backblech setzen. In den vorgeheizten Ofen auf die mittlere Schiene schieben und bei 180 Grad 20 Minuten backen. Die Sterne sollen leicht braun, noch weich und innen feucht sein.

Gebackene Sterne auskühlen lassen, mit der zurückbehaltenen Eiweißglasur bestreichen. Bevor die Glasur hart wird, jeden Stern beliebig mit den verschiedenen Nüssen verzieren.

Frankfurter Brenten

<u>Für 60 Stück</u>
250 g Marzipanrohmasse *
1 Eiweiß *
60 g Mehl *
250 g Puderzucker *
Mehl zum Ausrollen und Bestäuben

Marzipanrohmasse mit Eiweiß, Mehl und Puderzucker zu einem festen, glatten Teig kneten. $^1/_2$ cm dick auf mehlbestäubter Arbeitsfläche ausrollen. Holzmodeln mit Mehl ausstäuben und den Teig hineingeben. Mit der Handfläche festdrücken. Mit einem scharfen Messer vorsichtig über die Holzmodeln ziehen, so daß nur noch Teig in den Formen ist.

Die Brenten auf ein mit Backpapier ausgelegtes Backblech legen und 24 Stunden trocknen lassen.

In den vorgeheizten Ofen auf die mittlere Schiene schieben und 30 Minuten bei 140 Grad backen.

Fruchtsterne

Für 18 Stück
*500 g Mehl * 30 g Hefe * 1 TL Zucker * 1 TL lauwarme Milch **
*80 g Zucker * abgeriebene Schale von 1/2 Zitrone **
*1/2 TL Salz * 2 Eigelb * 100 g Butter **
*80 g gehackte Mandeln * Mehl zum Ausrollen **
*Fett für das Blech * 1 Eigelb zum Bestreichen **
BELAG:
*80 g Belegkirschen * 50 g Zitronat im Stück **
*80 g geschälte Mandeln * 50 g Rosinen **
*30 g Pinienkerne **

Mehl in eine Schüssel geben. In die Mitte eine Mulde drücken und die Hefe hineinbröckeln. Zucker, die Hälfte der Milch und etwas Mehl vom Rand zu einem Vorteig verrühren. Zugedeckt an einem warmen Ort 15 Minuten gehen lassen.

Zucker und Zitronenschale, Salz, Eigelb und die weiche Butter zugeben. Alles unterkneten und so lange schlagen, bis der Teig Blasen wirft und sich vom Schüsselrand löst. Mandeln ebenfalls unterkneten.

Weitere 20 Minuten gehen lassen. Teig auf bemehlter Arbeitsfläche 1 cm dick ausrollen. Sterne ausstechen. Auf das eingefettete Blech legen und die Oberfläche mit verquirltem Eigelb bestreichen.

Kirschen halbieren, Zitronat in Streifen schneiden. Sterne mit Kirschen, Zitronat, Mandeln, Rosinen und Pinienkeren belegen. Im vorgeheiztem Ofen auf der mittleren Schiene bei 200 Grad 10–15 Minuten backen.

Honigkuchen-Buchstaben

Für 21 Stück

TEIG:

*50 g Honig * 60 ml Wasser * 400 g Weizenmehl **
*250 g Roggenmehl * 20 g Lebkuchengewürz **
*1/2 TL Natron * 1/2 TL Backpulver **
*Mehl zum Ausrollen **

AUSSERDEM:

*Wasser zum Bestreichen **
*50 g in feine Streifen geschnittenes Zitronat **
*80 g abgezogene, halbierte Mandeln **

GLASUR:

*200 g Puderzucker * 8 TL Eiweiß*

Für den Teig Honig und Wasser in einem Topf aufkochen und dann abkühlen lassen. Weizen- und Roggenmehl mit Lebkuchengewürz, Natron und Backpulver in eine Schüssel geben. Den noch lauwarmen (aber nicht mehr heißen) Honig zugießen und alles zu einem glatten Teig kneten. Zugedeckt über Nacht ruhenlassen.

Am nächsten Tag den Teig auf der bemehlten Arbeitsfläche 1/2 cm dick ausrollen. Auf einen dünnen Karton Buchstaben (Länge: 10 cm, Breite: 2 cm) zeichnen und ausschneiden. Diese Schablonen auf den Teig legen und mit einem Messer ausschneiden.

Ein Backblech mit Backpapier auslegen und die Honigkuchen-Buchstaben darauf legen. Die Buchstabenoberfläche mit Wasser bestreichen und mit Zitronat und Mandeln belegen. Blech in den vorgeheizten Ofen auf die mittlere

Schiene schieben und bei 220 Grad 15 Minuten backen. Der Teig reicht für zwei Bleche. Blech aus dem Ofen nehmen und Honigkuchen-Buchstaben auf einem Kuchendraht auskühlen lassen.

Für die Spritzglasur den gesiebten Puderzucker mit Eiweiß verrühren. Das Eiweiß nach und nach zugeben, damit die Glasur nicht zu dünn wird.

Aus einem Pergamentpapier-Dreieck eine kleine Tüte drehen. Die Eiweißglasur einfüllen und eine Spitze abschneiden, damit ein 1–2 mm starker Faden herausfließen kann. Kleine Ornamente und Blümchen auf die Buchstaben spritzen.

In einer gut verschlossenen Dose können die Honigkuchen-Buchstaben ausgezeichnet mehrere Wochen lang aufbewahrt werden. Rühren Sie die Glasur für die Garnierung bitte in kleinen Mengen an, denn sie wird schnell trocken und hart.

Springerle

Für 112 Stück
*4 Eier * 500 g Puderzucker **
*1 EL Rum * 1 Prise Hirschhornsalz **
*abgeriebene Schale von 1 Zitrone **
*1 Prise Salz * 500 g Mehl **
*Mehl zum Ausrollen und Bestäuben **
*Öl für das Blech **
2 EL Anissamen

Eier und Zucker 20 Minuten schaumig rühren. In Rum aufgelöstes Hirschhornsalz, Zitronenschale und Salz dazugeben. Mehl unterrühren. Den Teig gut durchkneten. 3 Stunden zugedeckt im Kühlschrank ruhenlassen.

Arbeitsfläche mit Mehl bestäuben. Teig darauf 7 mm dick ausrollen. Bemehltes Holzmodel darauf legen. Fest andrücken. Wiederholen, bis die ganze Teigfläche bedruckt ist. Teig ringsum abschneiden oder abrädeln. Mit einem Messer auf das gefettete, dünn mit Anis bestreute Backblech setzen. Mit einem Küchentuch bedeckt an einer kühlen Stelle 12 Stunden stehenlassen.

Blech in den vorgeheizten Ofen auf die mittlere Schiene schieben und bei 160 Grad 30 Minuten backen. Die Springerle müssen weiß bleiben und gleichmäßig hoch werden. (Plätzchen eventuell nach 15 Minuten Backzeit mit Pergamentpapier bedecken.)

Blech aus dem Ofen nehmen. Jedes Plätzchen mit einem trockenen Pinsel von Mehlrückständen befreien.

Nikolaus

Für 1 Nikolaus und 30 Lebkuchen

TEIG:

*375 g gehackte Mandeln * 750 g Zucker **
*750 g Honig * je 125 g gewürfeltes Zitronat und Orangeat **
*je 1 Msp. geriebene Muskatnuß und Nelkenpulver **
*30 g Zimt * 10 g Pottasche **
*3 TL warmes Wasser * 875 g Mehl * Mehl zum Bestäuben **

EIWEISS-SPRITZGLASUR:

*200 g Puderzucker * 1 Eiweiß * 1 EL Zitronensaft*

Für den Teig Mandeln, Zucker und Honig in einem Topf 10 Minuten hellgelb rösten. Zitronat, Orangeat, Muskat, Nelken und Zimt zugeben. Etwas abkühlen lassen. Pottasche mit dem Wasser auflösen und dazugeben. Das Mehl einkneten. Blech leicht mit Mehl bestäuben. Teig darauf ausrollen. Über Nacht stehenlassen.

Backofen auf 200 Grad vorheizen und den Teig 40 Minuten backen. In der Zwischenzeit aus Pappe einen Nikolaus ausschneiden. Backblech aus dem Ofen nehmen. Nikolausschablone auflegen und den Teig danach ausschneiden. (Restlichen Lebkuchen in 5 cm große Würfel schneiden. Beliebig garnieren.)

Für die Eiweiß-Spritzglasur gesiebten Puderzucker mit Eiweiß in einer Schüssel verrühren. Tropfenweise Zitronensaft unterrühren. Der Guß muß schön glänzend sein. In einen Spritzbeutel füllen. Äußere Konturen, Gesicht, Mütze und Kleidung vom Nikolaus mit der Spritzglasur garnieren.

Hexenhaus aus Honigkuchen

TEIG:
*1250 g Honig **
*300 ml Wasser **
700 g Roggenmehl
** 750 g Weizenmehl **
*je 125 g sehr fein gehacktes Zitronatund Orangeat **
*45 g Lebkuchengewürz * 35 g Natron **
*Mehl zum Ausrollen **
*Fett für das Blech **
GLASUR:
*800 g Puderzucker * 5 Eiweiß **
GARNITUR:
*20 g abgezogene Mandelhälften **
buntes Zuckerwerk

Honig und Wasser aufkochen und abkühlen lassen. Mehl, Zitronat, Orangeat und Lebkuchengewürz in eine Schüssel geben. In die Mitte eine Mulde drücken. Den fast erkalteten Honig hineingießen. Einen glatten, geschmeidigen Teig kneten. Zum Schluß Natron untermischen.

Fertigen Honigkuchenteig 1–2 Tage lagern, bevor er weiter verarbeitet wird. Er wird dadurch lockerer. Um den Blockhauscharakter zu erreichen, werden auf bemehlter Arbeitsfläche 38 gleich starke Stränge (Durchmesser 1 cm, Länge 20 cm) ausgerollt. Dabei sind 2 mal 7 Stränge nötig für die Seitenteile, für die Giebelfronten 2 mal 7 und 2 mal 5 für die Giebel. Um die Giebelform zu bekom men, werden die 5 Giebelstränge jeweils übereinander gelegt und spitz zugeschnitten.

Backblech einfetten und die Teigstränge, geordnet nach Seiten- und Vorderteilen, im Abstand von 2–3 mm darauflegen. Durch die Treibkraft des Teiges schließen sich beim Backen diese Zwischenräume.

Blech in den vorgeheizten Ofen auf die mittlere Schiene schieben und bei 200 Grad 20 Minuten backen.

Blech aus dem Ofen nehmen, die Hausteile vorsichtig auf einen Kuchendraht legen und abkühlen lassen. Danach mit einem spitzen Messer Tür und Fenster ausschneiden.

Den restlichen Teig $^{1}/_{2}$ cm dick ausrollen, Dachflächen (25 mal 25 cm) ausschneiden.

Den dann übrigbleibenden Teig für die Grundplatte 3 mm dick ausrollen und auf 28 mal 30 cm zuschneiden, außerdem 20 Giebelsteine (2 mal 3 cm), Zaunlatten und Kamin zurechtschneiden.

Alle Teigstücke im vorgeheizten Ofen auf die mittlere Schiene schieben und bei 200 Grad 18 Minuten backen. Abkühlen lassen.

Jetzt kann man das Haus zusammensetzen. Puderzucker mit Eiweiß zu einer zähen, streichfähigen Glasur verrühren.

Die Teigenden der beiden Giebel- und Längsseiten mit Glasur bestreichen und zusammendrücken. (Vorsichtig mit einem Faden umbinden, dann braucht man die Seiten nicht festzuhalten.) Ist die Glasur getrocknet, werden die Dachflächen (mit Glasur) aufgeklebt und auch festgebunden.

Grundplatte mit Glasur bestreichen und das Haus darauf setzen. Tür und Fenster ansetzen. Giebelsteine an der Dachkante festkleben, darauf die Mandelhälften setzen. Dach mit Glasur bestreichen und den Kamin darauf setzen.

Danach den Zaun an der Frontseite anbringen. Mit Glasur überall kleine Eiszapfen anbringen und Dach und Hausfronten mit Zuckerwerk garnieren.

Die Glasur trocknet sehr schnell, darum sollte man sie portionsweise anrühren.

Stutenkerl

Für ca. 5 Stück
*500 g Mehl * 30 g Hefe*
*knapp 1/4 l lauwarme Milch **
*80 g Zucker **
*125 g Butter * 1 Ei **
*1 Päckchen Vanillezucker **
*abgeriebene Schale von 1 Zitrone **
*1 Prise Salz **
*Mehl zum Ausrollen **
*1 Ei zum Bestreichen **
*Rosinen zum Verzieren **
*Tonpfeifen **
Fett für das Blech

Mehl in eine Schüssel geben. In die Mitte eine Mulde drücken. Hefe hineinbröckeln. Mit etwas Milch, Zucker und Mehl zum Vorteig verrühren. Zugedeckt an einem warmen Ort 15 Minuten gehen lassen.

Dann restliche Milch, restlichen Zucker, angewärmte Butter, Ei, Vanillezucker, Zitronenschale und Salz in die Schüssel geben. Alles zu einem geschmeidigen Teig kneten und schlagen, bis sich Blasen bilden. Teig zugedeckt noch einmal 30 Minuten gehen lassen.

In der Zwischenzeit aus einem festen Zeichenkarton eine Schablone für die Form des Stutenkerls basteln.

Teig auf einem bemehlten Backbrett 1/2 cm dick ausrollen, Schablone auflegen und den Stutenkerl ausschneiden.

Teigreste zusammenkneten, wieder ausrollen und weitere Männchen daraus schneiden. Ei aufschlagen und verquirlen. Stutenkerle damit bestreichen. Rosinen als Augen, Mund und Nase in den Teig drücken. In den Mund und an den Oberkörper die Tonpfeife drücken.

Die Stutenkerle mit reichlichem Abstand auf ein gefettetes Blech legen und im vorgeheizten Ofen bei 180 Grad 20 Minuten backen. Blech herausnehmen. Stutenkerle auf einem Kuchendraht abkühlen lassen.

Nikolausmänner

Für 12 Stück

*1 kg Mehl * 40 g Hefe * 1 EL Zucker *
1/2 l lauwarme Milch * 150 g Butter oder Margarine *
1 Ei * 1 TL Salt * Mehl zum Ausrollen *
Fett für das Blech * 1/2 Eiweiß zum Kleben *
1 Eigelb zum Bestreichen * 20 g Rosinen und
50 g geschälte Mandeln * 12 Tonpfeifen*

Mehl in eine Schüssel geben. In die Mitte eine Vertiefung drücken. Die Hefe hineinbröckeln. Mit Zucker, einem Drittel des Mehls und der Hälfte der lauwarmen Milch verrühren. An einem warmen Ort zugedeckt etwa 20 Minuten gehen lassen.

Inzwischen aus festem Karton eine Schablone zum Ausschneiden der Männchen basteln. Sie sollen eine möglichst einfache, klare Form und etwa 20 cm Höhe und –

mit ausgestreckten Armen gemessen – 18 cm Breite haben. Restliche lauwarme Milch, Butter oder Margarine, Ei und Salz zum Vorteig geben. Alle Zutaten kräftig kneten. Teig gut schlagen, bis er sich vom Schüsselrand löst. Etwa 200 g Teig zum Garnieren zurücklassen.

Restlichen Teig halbieren und jede Hälfte auf bemehlter Fläche 1 cm dick ausrollen. Schablone auflegen und insgesamt 12 Männchen ausschneiden. Arme und Beine nicht getrennt ansetzen, sondern nur einschneiden. Die Männchen nicht zu dicht auf ein gefettetes Backblech legen. Aus dem zurückgelegten Teig Mützen, Stiefel oder Zöpfe formen. Mit wenig Eiweiß an die Teigfiguren kleben. An einem warmen Ort noch mal etwa 30 Minuten gehen lassen.

Mit verquirltem Eigelb bestreichen. Rosinen und Mandeln als Augen, Mund, Nase, Knöpfe an die Teigfiguren drücken. Blech in den vorgeheizten Ofen auf die mittlere Schiene schieben und bei 220 Grad 25 Minuten backen.

Nach dem Backen die Nikolausmänner gleich vom Blech lösen und anschließend jeden mit einer Pfeife vervollständigen.

Morgen kommt der Weihnachtsmann

Morgen kommt der Weihnachtsmann,
kommt mit seinen Gaben:
Trommel, Pfeifen und Gewehr,
Fähn' und Säbel und noch mehr,
ja ein ganzes Kriegesheer
möcht ich gerne haben!

Bring uns, lieber Weihnachtsmann,
bring auch morgen, bringe:
Musketier und Grenadier,
Zottelbär und Panthertier,
Roß und Esel, Schaft und Stier,
lauter schöne Dinge!

Doch du weißt ja unsern Wunsch,
kennst ja unsre Herzen!
Kinder, Vater und Mama,
auch sogar der Großpapa,
alle, alle sind wir da,
warten dein mit Schmerzen

August Heinrich Hoffmann von Fallersleben

Früchtebrot, Honigkuchen und Stollen

Früchtebrot

Für 20 Scheiben
*3 Eier * 150 g Farinzucker **
*1 Päckchen Vanillezucker **
*je 1 Prise Salz *,*
gemahlene Nelken, Mazis, Kardamom
*und Ingwer **
*abgeriebene Schale von 1 Orange **
*125 g Mehl * 1 Päckchen Backpulver **
*50 g gehackte Mandeln **
*100 g grob gehackte Haselnußkerne **
*je 100 g Feigen und Datteln **
*100 g fein gehacktes Zitronat **
50 g fein gehacktes Orangeat
*je 75 g Korinthen und kernlose Rosinen **
*Mehl zum Bestäuben **
AUSSERDEM:
*Fett für die Form **
20 g gemahlene Haselnußkerne
*zum Ausstreuen **
GLASUR:
*200 g Puderzucker * 2 cl Rum **
GARNITUR:
*10 Belegkirschen * 10 Mandelhälften*

Eier, Zucker, die verschiedenen Gewürze, Orangenschale, Mehl und Backpulver in einer Schüssel zu einem glatten Teig verrühren. Mandeln und Haselnußkerne darunterrühren. Feigen und Datteln würfeln, Zitronat, Orangeat, Korinthen und Rosinen dazugeben. Alles mit wenig Mehl bestäuben und unter den Teig arbeiten.

Eine Kastenform von 20 cm Länge einfetten. Mit gemahlenen Haselnußkernen ausstreuen. Den Teig einfüllen und im vorgeheizten Ofen auf der Mittelschiene bei 180 Grad 100 Minuten backen. Nach 50 Minuten Backzeit mit Pergamentpapier abdecken.

Form aus dem Ofen nehmen, Kuchen aus der Form nehmen und abkühlen lassen.

Für die Glasur gesiebten Puderzucker und Rum glattrühren. Das Früchtebrot damit bestreichen. Belegkirschen halbieren. Den Kuchen abwechselnd mit Mandelhälften und Kirschen garnieren.

Paranußkuchen

Für 20 Stücke

TEIG:

200 g Paranüsse *
100 g Datteln *
100 g getrocknete Aprikosen *
100 g Rosinen *
65 g gewürfeltes Zitronat *
65 g abgetropfte Maraschinokirschen *
4 Eier * *125 g Zucker* *
1 Päckchen Vanillezucker *
1 EL Rum * *250 g Mehl* *
2 gestrichene TL Backpulver *
1 Prise Salz *

GLASUR:

200 g Puderzucker *
je 1 EL heißes Wasser, Zitronensaft und Rum

Paranüsse hacken. Datteln entkernen. Datteln und Aprikosen in Streifen schneiden. Rosinen waschen und trockenreiben. Mit Zitronat in einer Schüssel mischen. Maraschinokirschen abtropfen lassen, halbieren und dazugeben.

Eier in einer Schüssel verquirlen. Zucker nach und nach hineinrühren. Schaumig schlagen. Mit Vanillezucker und Rum würzen. Fruchtmischung unterheben. Mehl, Backpulver und Salz darauf geben und untermischen.

Eine 30 cm lange Kastenform mit Backpapier auslegen und den Teig einfüllen.

In den vorgeheizten Ofen auf die untere Schiene schieben und bei 180 Grad 40 Minuten backen.

Form aus dem Ofen nehmen. Kuchen 10 Minuten in der Form abkühlen, auf den Kuchendraht stürzen und erkalten lassen.

Für die Glasur Puderzucker in eine Schüssel sieben. Mit heißem Wasser, Zitronensaft und Rum glattrühren. Kuchen damit überziehen.

Hutzelbrot

Für 2 Brote à 10 Scheiben
*250 g getrocknete, entkernte Zwetschen * 250 g getrocknete Birnen * 150 g getrocknete Feigen * 1 l Wasser zum Einweichen * 65 g getrocknete Aprikosen * je 65 g Haselnuß und Walnußkerne * 125 g Rosinen und Korinthen * je 65 g gewürfeltes Zitronat und Orangeat * 125 g Zucker * 1 TL Zimt * je 1 Prise Nelkenpfeffer und gemahlener Anis * 1 Prise Salz * je 2 EL Rum (oder Kirschwasser) und Zitronensaft * 500 g Schwarzbrotteig * 200 g Mehl * 20 geschälte Mandelhälften * Fett für das Blech*

Zwetschen, Birnen und Feigen mit 1 l Wasser bedeckt in einer Schüssel über Nacht einweichen.

Obst abtropfen lassen und zusammen mit Aprikosen und Nußkernen grob zerkleinern. In eine Schüssel geben. Rosinen, Korinthen, gewürfeltes Zitronat und Orangeat dazugeben. Zucker und Gewürze darüberstreuen. Rum (oder Kirschwasser) und Zitronensaft darübergießen. Mischen und 20 Minuten durchziehen lassen.

Mit dem Schwarzbrotteig und dem Mehl auf der Arbeitsplatte gut verkneten. Zwei Brotlaibe formen. Hände unter kaltem Wasser anfeuchten. Brotlaibe damit glattstreichen. Mit den Mandelhälften garnieren.

Backblech einfetten und die Hutzelbrote darauf setzen. In den vorgeheizten Ofen auf die untere Schiene schieben und bei 180 Grad 70 Minuten backen.

Fruchtprinten

Für 45 Stück
TEIG:
*500 g Honig * 100 ml Wasser * 325 g Roggenmehl *
325 g Weizenmehl * je 100 g gewürfeltes Zitronat
und Orangeat * 100 g gehackte Mandeln *
20 g Lebkuchengewürz * 1 TL Wasser * 20 g Natron *
Mehl zum Bestäuben * 1 Eigelb **
BELAG:
*je 100 g Zitronat im Stück und Belegkirschen *
100 g geschälte Mandeln * je 80 g Pinienkerne *
kernlose Rosinen und geschälte Haselnüsse*

Honig mit Wasser in einem Topf aufkochen, abkühlen lassen und in eine Schüssel geben. Mehl, Zitronat, Orangeat, Mandeln, Lebkuchengewürz und das mit 1 Teelöffel Wasser aufgelöste Natron zugeben. Alles zu einem glatten Teig kneten. Teig einen Tag bei Zimmertemperatur ruhenlassen.

Arbeitsfläche mit Mehl bestäuben. Den Teig darauf 5 mm dick ausrollen und in Streifen von 4 mal 12 cm schneiden. Teigstreifen nicht zu eng auf das Blech legen, da der Teig beim Backen etwas verläuft.

Teigoberfläche mit verquirltem Eigelb bestreichen. Zitronat in dünne Scheiben schneiden. Printen mit Zitronat, Früchten, Mandeln, Pinienkernen, Rosinen und Haselnüssen belegen.

Im vorgeheizten Ofen auf der mittleren Schiene bei 200 Grad in 10–15 Minuten knusprig braun backen.

Honigkuchen gefüllt

Für 20 Stück

TEIG:

*500 g Honig * 75 g Butter * 75 g Margarine **
*je 125 g Zucker und Farinzucker * 650 g Mehl **
*1 1/2 Päckchen Backpulver **
*3 EL Kakao * je 1 TL Zimt und gemahlene Nelken **
*1/2 TL Kardamom * 1 Ei **
*100 g gehackte Mandeln **
*Mehl zum Ausrollen * Fett für das Blech **

FÜLLUNG:

*je 100 g Zucker **
*gewürfeltes Zitronat und gehackte Mandeln **
*je 70 g Rosinen und Korinthen **
*1/2 Glas Aprikosenmarmelade (225 g) **

GLASUR:

*125 g Puderzucker **
*60 g geriebene Schokolade * 60 g Kokosfett*

Für den Teig Honig, Fett und Zucker in einem Topf erhitzen. Abkühlen lassen und in eine Schüssel geben. Mehl mit Backpulver, Kakao, Zimt, Nelken und Kardamom mischen. Nach und nach unterrühren. Ei unterziehen und die Mandeln zugeben. Gut kneten. Die Arbeitsfläche mit Mehl bestäuben. Teig darauf 1/2 cm dick zu zwei backblechgroßen Platten ausrollen. Backblech einfetten. Eine Platte darauf legen.

Für die Füllung Zucker, Zitronat, Mandeln, Rosinen und Korinthen mit der Marmelade in einer Schüssel mischen. Auf dem Teig verteilen.

Zweite Teigplatte darüberlegen. In den vorgeheizten Ofen auf die mittlere Schiene schieben und bei 180 Grad 60 Minuten backen.

Honigkuchen aus dem Ofen nehmen. Auskühlen lassen und in 8 mal 8 cm große Stücke schneiden.

Für die Glasur Puderzucker und geriebene Schokolade in einer Schüssel mischen. Mit dem in einem Topf zerlassenen Kokosfett zu einer glatten Glasur verrühren. Honigkuchen damit bestreichen. Glasur hart werden lassen.

Pistazienstollen

Für 2 Stollen à 18 Stücke

TEIG:

*400 g Pistazien * 1 kg Mehl *
90 g Hefe * 125 g Zucker *
1/4 l lauwarme Milch * 2 Eier *
125 g Margarine * 1 Prise Salz *
200 g gewürfeltes Zitronat *
Saft und Schale von 1 Orange *
abgeriebene Schale von 1/2 Zitrone *
1 kräftige Prise Mazisblüte *
Mehl zum Ausrollen *
Fett für das Blech * 100 g Butter *
200 g Aprikosenmarmelade **

GLASUR:

*150 g Puderzucker * 2 EL Wasser *
1 EL Zitronensaft*

Pistazien mit kochendheißem Wasser übergießen, abziehen und gut trocknen. Hacken. 50 g zum Garnieren beiseitestellen. Mehl in eine Schüssel geben. Mulde in die Mitte drücken. Hefe hineinbröckeln. 1 Teelöffel Zucker darauf streuen. Die Hälfte der Milch darübergießen. Mit etwas Mehl vom Rand zum Vorteig verrühren. Zugedeckt an einem warmen Ort 15 Minuten gehen lassen.

Zucker, restliche Milch, Eier und Margarine in Flöckchen dazugeben. Mit einer kräftigen Prise Salz zu einem Teig kneten und so lange schlagen, bis er sich vom Schüsselrand löst. Dann Zitronat, die mit Orangensaft und -schale gemischten Pistazien, Zitronenschale und Mazisblüte einkneten.

Teig halbieren. Zwei 3 cm dicke Platten auf bemehlter Arbeitsfläche ausrollen. Zu zwei Stollen formen. Backblech einfetten, Stollen darauf legen. Zugedeckt an einm warmen Ort 25 Minuten gehen lassen. In den vorgeheizten Ofen auf die mittlere Schiene schieben und bei 180 Grad 60 Minuten backen.

Blech aus dem Ofen nehmen. Mit weicher Butter bestreichen. Einziehen und auskühlen lassen.

Aprikosenmarmelade in einem Topf erhitzen. Kalte Stollen damit bestreichen. Für die Glasur Puderzucker mit Wasser und Zitronensaft in einer Schüssel glattrühen. Stollen damit überziehen und mit den restlichen Pistazien bestreuen.

Quarkstollen

Für 30 Stücke
*Je 150 g Butter und Zucker * 2 Päckchen Vanillezucker **
*3 Eier * 100 g getrocknete Aprikosen * 100 g Orangeat **
*50 g Zitronat * Saft von 1 Orange * Saft von 1 Zitrone **
*250 g Speisequark * 600 g Mehl * 1 Päckchen Backpulver **
*125 g Rosinen * Fett für das Blech * Mehl zum Bestäuben **
ZUM BESTREICHEN:
*50 g zerlassene Butter * 25 g Puderzucker*

Butter, Zucker und Vanillezucker in einer Schüssel schaumig rühren. Eier nach und nach dazugeben. Kräftig weiterrühren.

Aprikosen waschen, abtropfen lassen und zusammen mit Orangeat und Zitronat fein hacken. Mit Orangen- und Zitronensaft in die Schüssel geben. Quark durch ein Sieb streichen und dazugeben. Mehl mit Backpulver darüberstreuen. Alles gut verrühren und kräftig kneten, bis ein fester Teig entstanden ist.

Rosinen in einem Sieb unter heißem Wasser gründlich abbrausen. Abtropfen lassen, mit Haushaltspapier trockenreiben. In etwas Mehl wälzen und in den Teig kneten. Teig zu einem Stollen formen. Auf das eingefettete und mit Mehl bestäubte Backblech legen und in den vorgeheizten Ofen auf die mittlere Schiene schieben. Bei 200 Grad 70 Minuten backen.

Aus dem Ofen nehmen und noch warm mit zerlassener Butter bestreichen und mit Puderzucker bestreuen.

Bremer Klaben

Für 25 Stücke
*500 g Mehl * 40 g Hefe * knapp 1/4 l Milch * 100 g Zucker * 200 g Butter * 1 große Prise Salz * 200 g Sultaninen * 125 g Korinthen * 25 g Mandelstifte * 20 g Zitronat * 20 g Orangeat * 1 TL Rosenwasser * einige Tropfen Bittermandelöl * Fett für das Blech * 1 Eigelb * Saft von 1/2 Zitrone * Zucker zum Bestreuen*

Mehl in eine Schüssel geben. In die Mitte eine Mulde drücken. Hefe hineinbröckeln. Mit Zucker und etwas lauwarmer Milch zum Vorteig rühren. Mit Mehl leicht bestäuben. 10–15 Minuten gehen lassen.

Zucker und restliche Milch dazugeben. Butter in Flöckchen auf den Rand verteilen. Eine Prise Salz darüberstreuen. Gut verkneten. Teig schlagen, bis er Blasen wirft. Sultaninen und Korinthen waschen. Trocknen. In etwas Mehl wenden.

Mit Mandelstiften, gehacktem Zitronat und Orangeat in den Teig geben. Rosenwasser und Bittermandelöl hinzufügen. Alles gut verkneten. Etwa 3 cm dick rechteckig ausrollen. In die Mitte eine Vertiefung drücken. Wie beim Stollen eine Seite über die andere schlagen.

Klaben auf ein gefettetes Backblech legen. Dabei zum Halbmond formen. Teig ein paarmal auf der Oberfläche einschneiden. Nochmal 30 Minuten gehen lassen. Eigelb mit Zitronensaft verquirlen. In den vorgeheizten Ofen schieben und bei 200 Grad 60 Minuten backen. Noch heiß mit Zucker bestreuen.

Weihnachtsstollen

Für 2 Stollen à 25 Stück:
*Je 100 g gewürfeltes Orangeat und Zitronat **
*125 g Rosinen * 75 g Korinthen **
*4 cl Rum * 1 kg Mehl **
*2 Würfel (à 40 g) frische Hefe oder 2 Tütchen Trockenhefe **
*150–200 g Zucker **
*3/8 l lauwarme Milch **
*300–400 g zimmerwarme Butter **
*2 Eier * 1 TL Salz **
*abgeriebene Schale von 1 unbehandelten Zitrone **
je 2 Msp. gemahlener Kardamom,
*Muskat oder -blüte (Mazis) und Nelke **
*1 EL Rum, Rosenwasser oder Zitronensaft **
*150 g Mandelstifte * 150 g zerlassene Butter **
*100 g Puderzucker * 50 g Zucker **
*1 Päckchen Vanillezucker * Fett für das Blech*

Orangeat, Zitronat, Rosinen und Korinthen mit Rum beträufeln. 2–3 Stunden oder besser über Nacht bei Zimmertemperatur zugedeckt quellen lassen.

Mehl in eine Schüssel sieben, in der Mitte eine Mulde drücken. Zerbröckelte Hefe, 2 Teelöffel Zucker, 1/4 l Milch und etwas Mehl vom Rand her zu einem dicken Brei vermischen. Zugedeckt gehen lassen.

Restlichen Zucker und Milch, klein gewürfelte Butter, Eier, Salz, Zitronenschale und Gewürze beigeben. Alles miteinander vermischen und so lange kneten, bis sich der Teig vom Schüsselrand löst. Zugedeckt ums Doppelte gehen lassen.

Kandierte Früchte, Rosinen und Mandelstifte unter den Teig kneten. Nochmals zugedeckt bei Zimmertemperatur gehen lassen. Dann den Teig halbieren.

Jede Hälfte zu etwa 30 cm langen Rollen formen. Mit dem Wallholz in der Mitte flach drücken, so daß die Längsseiten dicker sind. Dann zur Stollenform zusammenklappen.

Stollen auf ein gefettetes Blech legen, gehen lassen. Im unteren Teil im vorgeheizten Backofen bei 200 Grad 70 Minuten backen. Noch heiß mit Butter bepinseln, dicht mit dem Zuckergemisch überstäuben.

Damit Stollen sicher gelingen: Stollen in der typischen Stollenform backen: Dafür die Form einfetten, geformten Stollen (wie im Rezept beschrieben) hineindrücken, zugedeckt gehen lassen. Dann mit der Form auf ein gefettetes oder mit Backpapier belegtes Blech stürzen. Form erst ca. 15 Minuten vor Ende der Backzeit abheben. Backzeit verlängert sich um 10–15 Minuten.

Werden die Stollen ohne Form gebacken, fertigt man am besten einen langen Streifen aus fester Alufolie an und legt diesen um den Stollen, damit er nicht auseinanderläuft.

Stollen nach dem Auskühlen in Alufolie wickeln und an einem kühlen Ort durchziehen lassen. Nach 3–4 Wochen schmeckt er am besten.

Stollen schon vor und während dem Backen mit flüssiger Butter bepinseln.

Dresdner Mandelstollen

Für 20 Stücke
40 g Hefe *
60 g Zucker *
knapp 1/4 l Milch * *500 g Mehl* *
200 g Butter *
175 g Mandelstifte *
80 g Zitronatwürfel *
AUSSERDEM:
50 g Mehl zum Kneten *
60 g Butter *
50 g Puderzucker zum Bestäuben

Hefe zerbröckeln, mit wenig Zucker und der lauwarmen Milch verrühren. 15 Minuten gehen lassen, bis sich die Menge etwas verdoppelt hat.

Mehl in eine Schüssel sieben, die Hefe in die Mitte geben. Den restlichen Zucker hineinstreuen. Butter mit Mehl kneten und dazugeben. Von innen nach außen einen Teig kneten. Schlagen, bis er Blasen wirft und sich von der Schüssel löst. Zugedeckt an einem warmen Ort gehen lassen.

Nach 20 Minuten Mandeln und Zitronat zufügen. Teig nochmals durchkneten, dick ausrollen, zum Stollen formen und auf ein Blech setzen. Nochmal gehen lassen. Butter zerlassen. Teig mit der Hälfte bestreichen. In den vogeheizten Ofen schieben und bei 180 Grad 60 Minuten backen.

Noch heiß mit der restlichen Butter bestreichen. Mit gesiebtem Puderzucker bestreuen.

Haselnuß-Honigkuchen

Für 8 Stücke

TEIG:
*170 g Butter oder Margarine * 200 g Zucker **
*4 Eier * 2 EL Sahne * 2 EL Honig **
*125 g gemahlene Haselnüsse **
*85 g Mehl * Fett für die Form **
GLASUR:
*65 g dünner Honig * 125 g Puderzucker **
*1 EL Zitronensaft * 1 EL Wasser **
GARNITUR:
50 g geröstete Haselnüsse

Butter oder Margarine, Zucker und Eier schaumig rühren. Sahne und Honig einrühren. Haselnüsse und Mehl unterziehen.

Eine Kastenform von 16 cm Länge einfetten. Teig einfüllen. Form in den vorgeheizten Ofen auf die mittlere Schiene schieben und bei 180 Grad 45 Minuten backen.

Kuchen aus der Form lösen und auf einen Kuchendraht stürzen. Mehrmals mit einer Gabel einstechen. Die Oberfläche noch warm mit dem Honig bestreichen. Kuchen abkühlen lassen.

Puderzucker mit Zitronensaft und Wasser verrühren. Ein Stück Pergamentpapier zu einer Tüte rollen. Die Spitze abschneiden. Glasur in die Tüte füllen. Ein Gitter auf die Kuchenoberfläche spritzen. Die Zwischenräume mit Haselnüssen belegen. Glasur erstarren lassen.

Honigkuchen vom Blech

Für 30–35 Stück
*250 g Honig * 65 ml Öl **
*300 g Farinzucker * 450 g Mehl **
*1/2 Päckchen Backpulver **
*125 g gemahlene Haselnüsse oder Mandeln **
*1 TL Zimt * 1 Ei **
*1/4 TL Nelken * wenig Piment **
*1 Msp. Mazis * 1 Msp. Salz **
*abgeriebene Schale von 1 unbehandelten Zitrone **
*jeweils 50 g Zitronat und Orangeat, fein gehackt **
GARNITUR:
*100 g geschälte Mandeln **
*100 g Zitronat in größeren Stücken zum Zurechtschneiden **
*100 g Cocktailkirschen **
AUSSERDEM:
*etwas Öl für das Blech **
etwas Milch zum Bestreichen

Honig, Öl, Zucker in einem Topf aufkochen und wieder abkühlen lassen, bis es lauwarm ist. Mehl mit Backpulver und allen Gewürzen und den Nüssen oder Mandeln mischen und das Ei dazugeben. Die Honig-Zucker-Öl-Mischung nach und nach unter das Mehl rühren und alles miteinander verkneten. Wenn der Teig zu klebrig ist, noch etwas Mehl hinzufügen.

In Folie wickeln und 1–2 Stunden kalt stellen.

Das Blech gut mit Öl bestreichen und den Teig mit den bemehlten Händen auf das Blech drücken (am besten schon auf der Arbeitsfläche in die Länge und Breite drücken), glattstreichen und mit Milch bepinseln. Auf diese Weise klebt die Dekoration auf der Teigfläche.

Mit dem Messerrücken auf dem Teig Quadrate von etwa 6 mal 6 cm andeuten. Diese Quadrate mit Mandeln und Cocktailkirschen und Zitronat verzieren.

Den Honigkuchen auf der mittleren Schiene im vorgeheizten Ofen bei 190 Grad 20–25 Minuten backen. Darauf achten, daß die Oberfläche nicht zu dunkel und zu fest wird.

Den gebackenen Honigkuchen einige Minuten abkühlen lassen. Noch warm in die angedeuteten Quadrate schneiden und alles auf dem Kuchengitter erkalten lassen.

Dresdner Christstollen

Für 24 Stücke
*1 kg Weizenmehl * 1 TL Salz **
*40 g frische Hefe **
*1/4 l lauwarme Milch **
*250 g Butter **
*150 g Schweineschmalz oder ausgelassener Kalbsnierentalg **
*150 g Zucker * 2 Eigelb **
*etwas abgeriebene Schale von 1 unbehandelten Zitrone **
*200 g Mandeln **
*125 g Zitronat **
*500 g Rosinen * Fett für das Blech **
*150 g Butter zum Bestreichen **
150 g Puderzucker zum Bestreuen

Das Mehl in einer Schüssel mit dem Salz vermischen. In die Mitte eine Vertiefung drücken. Die Hefe hineinbröckeln und mit der Hälfte der Milch und etwas Mehl zu einem Vorteig verrühren. Zugedeckt an einem warmen Ort 30 Minuten aufgehen lassen.

Die Butter sowie das Schmalz oder den Kalbsnierentalg in der restlichen Milch schmelzen lassen und an den Teig geben. Zucker, Eigelb und Zitronenschale hinzufügen. Alles zu einen glatten Teig verarbeiten und so lange schlagen, bis er sich vom Schüsselboden löst. Zugedeckt an einem warmen Ort gut 1 Stunde gehen lassen.

Inzwischen Mandeln mit kochendem Wasser überbrühen und abziehen, dann grob hacken. Das Zitronat fein schneiden, die Rosinen waschen.

Mandeln, Zitronat und Rosinen unter den Teig kneten. Den Stollenteig zu einer runden Platte ausrollen und von beiden Seiten so übereinanderschlagen, daß eine Stollenform entsteht. Den Stollen leicht zusammendrücken.

Den Stollen einige Stunden oder über Nacht ruhen lassen.

Den Stollen auf ein gefettetes Backblech setzen und auf der unteren Schiene des vorgeheizten Backofens bei 190 Grad in $1\frac{1}{4}$–$1\frac{1}{2}$ Stunden schön braun backen. Mit einer Spicknadel prüfen, ob der Stollen gar ist.

Die Butter in einem Topf zerlassen. Den Stollen nach dem Backen auf ein Kuchengitter legen. Noch warm mit der Hälfte der Butter bestreichen und mit der Hälfte des Puderzuckers bestäuben. Diesen Vorgang nach 5 Minuten wiederholen.

Kölner Mohnstollen

Für 15 Stücke

FÜLLUNG:

*250 g gemahlener Mohn * 1/2 l Milch **
*1 Päckchen Vanillepuddingpulver **
*1 EL Butter * 1 Eigelb **
*100 g Zucker **

TEIG:

*500 g Mehl * 30 g Hefe * 1 TL Zucker **
*1/8 l lauwarme Milch * 2 Eier **
*75 g Zucker 150 g Butter **
*35 g gehackte süße Mandeln **
*15 g gehackte bittere Mandeln **
*abgeriebene Schale von 1 Zitrone * 1 Prise Salz **

AUSSERDEM:

*Mehl zum Ausrollen * Fett für das Blech **

GLASUR:

*200 g Puderzucker * 1 Eiweiß **
Saft von 1 Zitrone

Für die Füllung Mohn mit 3/8 l Milch unter Rühren in einem Topf aufkochen. 10 Minuten bei kleinster Hitze quellen lassen. Puddingpulver mit der restlichen Milch verrühren. Unter Rühren in die Mohnmasse geben. Mit Butter, Eigelb und Zucker vermischen. Abkühlen lassen.

Für den Teig Mehl in eine Schüssel geben. In die Mitte eine Mulde drücken.Hefe hineinbröckeln. 1 Teelöffel Zucker darüberstreuen. Mit etwas Milch zum Vorteig verrühren. Etwas Mehl vom Rand darüberstäuben. Zugedeckt 15 Minuten an einem warmen Ort gehen lassen.

Restliche Milch, Eier und Zucker zum Teig geben. Butter in Flöckchen auf den Mehlrand setzen. Von innen nach außen zu einem geschmeidigen Teig kneten. Teig schlagen, bis er Blasen wirft und sich von den Händen löst. 15 Minuten gehen lassen. Mandeln, Zitronenschale und Salz in den Teig mischen.

Arbeitsfläche mit Mehl bestäuben. Teig darauf 1 cm dick rechteckig ausrollen. Mohnfüllung darauf verteilen. Dabei einen 2 cm breiten Rand frei lassen. Aufrollen oder die Seiten zur Mitte überschlagen und zum Stollen formen. Stollen auf ein gefettetes Blech legen. Zugedeckt noch einmal 20 Minuten gehen lassen. In den vorgeheizten Ofen auf die mittlere Schiene schieben und bei 180 Grad 45 Minuten backen.

Blech aus dem Ofen nehmen. Stollen auf einem Kuchendraht leicht abkühlen lassen. Für die Glasur Puderzucker, Eiweiß und Zitronensaft verquirlen. Stollen damit bestreichen und die Glasur fest werden lassen.

Das Weihnachtsbäumlein

Es war einmal ein Tännelein
mit braunen Kuchenherzlein
und Glitzergold und Äpflein fein
und vielen bunten Kerzlein:
Das war am Weihnachtsfest so grün,
als fing es eben an zu blühn.

Doch nach nicht gar zu langer Zeit,
da stands im Garten unten,
und seine ganze Herrlichkeit
war, ach, dahingeschwunden.
Die grünen Nadeln war'n verdorrt,
die Herzlein und die Kerzlein fort.

Bis eines Tags der Gärtner kam,
den fror zu Haus im Dunkeln,
und es in seinen Ofen nahm –
hei! tats da sprühn und funkeln!
Und flammte jubelnd himmelwärts
in hundert Flämmlein an Gottes Herz.

Christian Morgenstern

Kostproben aus anderen Ländern

Klagenfurter Lebzelten

Für 75 Stück
TEIG:
*80 g Butter * 250 g Puderzucker **
*1 Eigelb * 1 TL geriebene Muskatnuß **
*1 TL gemahlene Nelken **
*3 gestrichene TL Zimt * 375 g Honig **
*1 Päckchen Backpulver * knapp 1/8 l Bier **
*20 g Pottasche * 125 g kernlose Rosinen **
*50 g Orangeat * 50 g Zitronat **
*250 g gemahlene Mandeln * 750 g Weizenmehl **
*250 g Roggenmehl * Mehl zum Ausrollen **
GARNITUR:
*1 Ei * 1 TL Wasser **
*100 g abgezogene, halbierte Mandeln **
AUSSERDEM:
Fett für das Blech

Für den Teig Butter, Puderzucker, Ei und Gewürze schaumig rühren. Nach und nach den Honig, Backpulver und die in Bier gelöste Pottasche unterrühren. Rosinen in einem Sieb unter heißem Wasser waschen, abtropfen lassen und in einem Küchentuch trockenreiben.

Orangeat und Zitronat fein hacken. Alles mit den gemahlenen Mandeln und der Hälfte der Mehlmenge mischen und unter den Teig rühren. Das restliche Mehl unterkneten.

Teig zugedeckt 24 Stunden bei Zimmertemperatur ruhen lassen. Teig auf der bemehlten Arbeitsfläche 3 mm dick ausrollen. Rechtecke von 4 mal 6 cm Größe ausradeln. Ei mit etwas Wasser verquirlen. Lebkuchen damit bestreichen. Mit je 1 Mandelhälfte belegen.

Lebkuchen mit reichlich Abstand auf ein gefettetes Blech legen. Der Teig reicht für vier Bleche. In den vorgeheizten Ofen auf die mittlere Schiene schieben und bei 200 Grad 20 Minuten backen.

Die Plätzchen sofort vom Blech lösen und auf einem Kuchendraht abkühlen lassen.

Appenzeller Fladen

Für ca. 90 Stück

*500 g Honig * 3 EL Wasser *2 Eigelb **
*5 EL Milch *250 g Zucker **
*1 Päckchen Lebkuchengewürz **
*Zimt * 1/2 Stange Vanille **
*16 g Hirschhornsalz **
*etwas Milch * 800 g Mehl **
*Milch zum Bestreichen **
50 g geschälte Mandeln

Honig und Wasser erwärmen. Eigelb, Milch, Zucker und Gewürze einrühren. Von der Vanillestange das Mark ausschaben und dazugeben. Schaumig rühren. Abkühlen lassen.

Hirschhornsalz in Milch lösen und ebenfalls unterrühren. Dann das Mehl einkneten und gut durcharbeiten. Den Teig ausrollen. Runde oder dreieckige Plätzchen ausstechen. Mit Milch bestreichen, mit 1 Mandel garnieren.

20–30 Minuten bei 200 Grad backen.

Lebkuchen Baseler Art

Für 44 Stück

TEIG:

*250 g Zucker * 250 g Honig * 2 Eier * 1 TL gemahlener Zimt * je 1 Prise gemahlene Nelken und Ingwerpulver * 1 Päckchen Vanillezucker * 100 g gehackte Mandeln * je 50 g Orangeat und Zitronat * 2 EL Kirschwasser * 500 g Mehl * 1 Päckchen Backpulver * Mehl zum Ausrollen * Fett für das Blech **

GLASUR:

*200 g Zucker * 1/8 l kaltes Wasser **

GARNITUR:

100 g geschälte, halbierte Mandeln

Zucker mit Honig in einem Topf erhitzen. Auskühlen lassen. Eier, Zimt, gemahlene Nelken und Ingwerpulver, Vanillezucker, gehackte Mandeln, Orangeat, Zitronat und Kirschwasser einrühren. Mehl mit Backpulver mischen, darübersieben und unterrühren. Teig kräftig durchkneten.

Auf der bemehlten Arbeitsfläche 3 mm dick ausrollen, 6 cm große Quadrate ausschneiden. Teigstücke auf ein gefettetes Blech legen. Im vorgeheizten Ofen bei 220 Grad 15 Minuten backen.

Für die Glasur Zucker mit Wasser in einem Topf 15–20 Minuten bei schwacher Hitze eindicken lassen. Topf auf der warmen Herdplatte stehenlassen, damit der Guß nicht hart wird. Blech aus dem Ofen nehmen. Lebkuchenstücke sofort mit Glasur überziehen. Lebkuchen mit geschälten halbierten Mandeln garnieren.

Lebkuchen Luzerner Art

Für 16 Stücke
*6 EL Honig * 1/4 l Sahne * 100 g Zucker **
*1 TL Zimt * 1 TL Anis * 1 Msp. gemahlene Nelken **
*1 Msp. gemahlener Kardamom * 1 cl Tresterbranntwein **
*1 1/2 TL Natron * 1/8 l Milch * 450 g Mehl **
*Fett für die Form **
ZUM BESTREICHEN:
*2 EL Honig * 1 EL Tresterbranntwein*

Honig in einem Topf erwärmen, bis er leicht flüssig, aber nicht heiß ist. Sahne in einer Schüssel steifschlagen. Honig mit Zucker, Zimt, Anis, Nelkenpuder und Kardamom in die Sahne rühren. Tresterbranntwein in einem Topf leicht erwärmen. Natron darin auflösen. Milch hineingießen und auch erwärmen. Alles zu der Sahne geben und mischen. Nach und nach das Mehl einrühren, bis ein dickflüssiger Teig entsteht.

Teig in eine gefettete Springform (26 cm Durchmesser) füllen. In den vorgeheizten Ofen auf die mittlere Schiene stellen und bei 220 Grad 50 Minuten backen.

Zum Bestreichen Honig und Tresterbranntwein in einem Topf erwärmen, bis der Honig streichfähig ist. Kuchen aus dem Ofen nehmen. Auf einen Kuchendraht gleiten lassen. Die noch warme Oberfläche mit dem Honig-Tresterbranntwein-Gemisch dick bestreichen.

Den abgekühlten Kuchen zugedeckt an einem kühlen, dunklen Ort 3 Tage ruhenlassen.

Glarner Birnbrot

Für 8 Brote

*1 1/4 kg getrocknete Birnen * 3/4 l Wasser * 1 Glas Rotwein * 40 g Butter * 60 g Zitronat * 175 g Walnußkerne * 375 g Rosinen * 35 g Zimt * 5 g gemahlene Nelken * 1/8 l Rosenwasser * 50 g Kirschwasser * 2 kg Kuchenbrotteig (vom Bäcker) * 150 g Butter * Fett für das Blech * Mehl zum Bestäuben * 1 Ei zum Bestreichen*

Birnen über Nacht in einer großen Schüssel mit Wasser einweichen. Dann Birnen mit der Hälfte des Einweichwassers, Rotwein und Butter in einem Topf in 25 Minuten weich kochen. Flüssigkeit abgießen und die Birnen in Stücke schneiden. Zitronat und Walnußkerne hacken und mit den Birnen vermischt in eine Schüssel geben. Rosinen, Zimt, Nelken, Rosenwasser und Kirschwasser zugeben.

Über Nacht an einem warmen Ort ziehen lassen. Am anderen Tag die Hälfte des Brotteiges mit der Birnenmasse verkneten, 8 kleine, längliche Brote daraus formen. Restlichen Brotteig mit der Butter verkneten und 1 1/2 cm dick ausrollen. Den Teig in 15 mal 20 cm große Rechtecke schneiden. Jedes Brot in ein Rechteck wickeln. Umdrehen, damit die Einschlagstelle nach unten kommt. Die obere glatte Teigfläche an mehreren Stellen mit der Gabel einstechen.

Backblech einfetten, leicht mit Mehl bestäuben. Brote in 10 cm Abstand aufs Blech legen und 10 Minuten gehen lassen. Die Brote mit verquirltem Ei bepinseln. Auf die mittlere Schiene in den vorgeheizten Ofen schieben und bei 220 Grad 60 Minuten backen.

Englische Dattelplätzchen

Für 70 Stück
*170 g entkernte Datteln **
*230 g Mehl **
*1 TL Backpulver **
*180 g Butter oder Margarine **
*120 g Farinzucker **
*Fett für das Blech **
grober Zucker zum Bestreuen

Datteln fein hacken. Mehl, Backpulver, Fett und Farinzucker in eine Schüssel geben. Mit dem Knethaken des Handrührgeräts verkneten. Dabei nach und nach die gehackten Datteln dazugeben. Fettpfanne einfetten. Den Teig 1 cm dick hineinstreichen. Mit Zucker bestreuen. Fettpfanne auf die mittlere Schiene in den vorgeheizten Ofen schieben und bei 180 Grad 30 Minuten backen.

Pfanne aus dem Ofen nehmen. Kuchen noch warm in 3 mal 7 cm große Rechtecke schneiden. In der Pfanne abkühlen lassen.

Englischer Pfefferkuchen

Für 20 Stücke
*230 g Mehl * 115 g Zucker **
*170 g Butter **
*1/2 TL gemahlener Ingwer **
*1 Prise Salz **
*abgeriebene Schale von je 1/2 Orange und Zitrone **
*20 g eingelegte, fein gehackte Ingwerpflaumen **
Fett für das Blech

Die Zutaten für den Teig zu einer bröseligen Masse mischen. Die Hälfte eines Backblechs einfetten und die Hälfte des Teiges darauf verteilen. Andrücken. Die zweite Hälfte wie Streusel gleichmäßig darüberstreichen. Das Blech in den vorgeheizten Ofen auf die mittlere Schiene schieben und bei 220 Grad 25 Minuten backen.

Den leicht abgekühlten Kuchen in 6 mal 4 cm große Stücke schneiden.

Weihnachtskuchen aus England

Für 12 Stücke

TEIG:

*300 g Sultaninen * 200 g Korinthen **
*150 g kandierte Kirschen **
*200 g gemahlene Mandeln **
*je 125 g gewürfeltes Zitronat und Orangeat **
*200 g Mehl * 200 g Butter **
*200 g Farinzucker * 1 1/2 TL Backpulver **
*4 Eier * 1 Prise Salz * 1 TL gemahlener Zimt **
2 TL Lebkuchengewürz
*4 cl Rum * Fett für die Form **

BELAG:

*150 g Johannisbeergelee * 250 g Marzipanrohmasse **
*250 g Puderzucker * 1 Eigelb **
*Puderzucker zum Ausrollen **

GLASUR:

*2 kleine Eiweiß * 1/2 TL Zitronensaft **
250 g Puderzucker

Für den Teig Sultaninen und Korinthen in heißem Wasser waschen. Gut abtropfen lassen und in einem Küchentuch trockenreiben. Kandierte Kirschen in Scheiben schneiden. Mit Mandeln, Zitronat, Orangeat und 50 g Mehl in einer Schüssel mischen.

Butter in einer anderen Schüssel schaumig rühren. Nach und nach den Zucker zugeben. Backpulver mit dem restlichen Mehl mischen und abwechselnd mit den Eiern in den Teig rühren. Salz, Zimt, Lebkuchengewürz, Rum und die bemehlten Früchte unterkneten.

Eine Springform von 26 cm Durchmesser einfetten. Rand mit Pergamentpapierstreifen auslegen. Streifen innen mit Butter bestreichen. Teig in die Form füllen. Oberfläche glattstreichen. Kuchen in den vorgeheizten Ofen auf die mittlere Schiene stellen und bei 180 Grad 120 Minuten backen.

Nach 80 Minuten den Kuchen mit Alufolie bedecken. Kuchen aus dem Ofen nehmen. 30 Minuten ruhenlassen. Dann aus der Form lösen und auf dem Kuchendraht abkühlen lassen.

Für den Belag Johannisbeergelee in einem Topf 3 Minuten kochen. Kuchenoberfläche damit bestreichen.

Marzipanrohmasse mit dem gesiebten Puderzucker und dem Eigelb in einer Schüssel zu einer glatten Masse kneten. Arbeitsfläche mit Puderzucker bestäuben. Marzipanrohmasse 3 mm dick ausrollen. Eine runde Platte in Größe der Kuchenoberfläche ausschneiden. Restliche Marzipanmasse zu einem Streifen formen und um den Tortenrand legen. Leicht andrücken. Kuchen mit dem Marzipan belegen.

Für die Glasur Eiweiß und Zitronensaft in einer Schüssel zu steifem Schnee schlagen. Puderzucker unterrühren, bis eine steife Masse entsteht. Torte mit der Glasur überziehen. 48 Stunden ruhenlassen.

Englische Weihnachtspastetchen

Für 20 Stück

FÜLLUNG:

*500 g Äpfel * 100 g Orangeat*
*250 g Zucker * 200 g Korinthen **
*200 g Rosinen * 1/8 l Rum **
250 g in Flöckchen geschnittener
*Talg (Nierenfett) **
*1 TL Zimt * 1 Msp. Nelkenpulver **

TEIG:

*250 g Weizenmehl * 175 g Butter **
*1–2 EL Wasser * 1 Msp. Salz **

AUSSERDEM:

*etwas Milch zum Bestreichen * etwas Zucker zum Bestreuen*

Für die Füllung die Äpfel waschen, schälen, entkernen und auf der groben Seite einer Rohkostreibe raffeln. Das Orangeat in kleine Stücke schneiden.

Sämtliche Zutaten für die Füllung in einem Steintopf miteinander vermischen, den Topf verschließen und die Füllung 14 Tage marinieren lassen.

Für den Teig das Mehl auf ein Backbrett geben, in die Mitte eine Vertiefung drücken und Wasser und Salz hineingeben. Die gekühlte Butter in Flöckchen rund um das Mehl setzen und die Zutaten mit den Händen schnell zu einem glatten Teig verarbeiten. 30 Minuten in den Kühlschrank stellen.

Den Teig auf einem leicht bemehlten Backbrett nicht zu dünn ausrollen und teilen. Auf die eine Teighälfte in gleichmäßigen Abständen je 2 Teelöffel Füllung setzen. Den Teig ringsherum mit Milch bestreichen.

Die zweite Teigplatte darübergeben. Die Ränder über der Füllung gut festdrücken und mit einem Glas oder einem gewellten Ausstecher jeweils über der Füllung Plätzchen ausstechen. Noch einmal die Ränder fest zusammendrücken.

Die Pastetchen mit Milch bestreichen und den Zucker darüberstreuen. Auf das mit Backpapier ausgelegte Blech setzen und auf der mittleren Schiene des vorgeheizten Backofens bei 200 Grad in 30 Minuten goldbraun backen.

Schottischer Korinthenkuchen

Für 12 Stücke
TEIG:
*135 g Butter * 235 g Mehl **
*1 1/2 TL Zucker * 1 Prise Salz **
*2 EL kaltes Wasser * Fett für die Form **
*Mehl zum Ausrollen **
FÜLLUNG:
*675 g Korinthen **
je 115 g kernlose Rosinen, Zitronat,
*gehackte Mandeln und Zucker **
*170 g Mehl * 3 TL Lebkuchengewürz*
*4 TL gemahlener Ingwer **
*2 TL gemahlener Zimt * 1 TL Backpulver **
*4 cl Weinbrand * 50 ml Milch **
*1 EL kaltes Wasser * 1 Ei zum Bestreichen*

Für den Teig Fett, Mehl, Zucker, Salz und Wasser zu einem festen Teig kneten. Teig zugedeckt 30 Minuten im Kühlschrank ruhenlassen. Eine Springform von 22 cm Durchmesser einfetten. Teig in drei gleich große Stücke teilen. Je zwei Teigportionen auf einer bemehlten Arbeitsfläche 3 mm dick zu einer runden Platte von 22 cm Durchmesser ausrollen. Eine Teigplatte in die Form legen.

Drittes Teigstück zu einem Streifen von 66 cm Länge und 3 cm Breite ausrollen. Rand der Springform damit auslegen. Andrücken.

Für die Füllung Korinthen und Rosinen waschen, abtrocknen. Zitronat fein hacken. Korinthen, Rosinen, Zitronat,

Mandeln, Zucker, Mehl, Gewürze, Backpulver, Weinbrand und Milch in eine Schüssel geben. Gut verrühren.

Füllung in die Kuchenform auf den Teigboden geben. Die aufgestellten Teigränder ringsum etwas auf die Füllung schlagen. Mit kaltem Wasser bestreichen. Teigplatte als Deckel darauflegen. Oberfläche mit einer Gabel mehrmals einstechen. Ei verquirlen, Tortenoberfläche damit bestreichen. In den vorgeheizten Ofen auf die mittlere Schiene stellen und bei 160 Grad 75 Minuten backen.

Amerikanische Walnußplätzchen

Für 36 Stück
TEIG:
*250 g Butter * 150 g Zucker **
*1 Päckchen Vanillezucker * 1 Ei **
*1 Prise Salz * 200 g Mehl **
*75 g Speisestärke **
*Mehl zum Ausrollen **
*150 g Walnußkerne zum Belegen **
*Fett für das Blech **
GLASUR:
*1 Eiweiß **
150 g Puderzucker

Alle Zutaten für den Teig zu einer cremigen Masse verrühren und kneten. Teig zugedeckt im Kühlschrank 60 Minuten ruhenlassen.

Auf bemehlter Arbeitsfläche aus dem Teig Rollen von 4 cm Durchmesser formen. In 1 cm dicke Scheiben schneiden. Jedes Plätzchen mit $^1/_2$ Walnußkern belegen.

Backblech einfetten. Plätzchen nicht zu dicht nebeneinander darauf setzen. Im vorgeheizten Ofen auf der mittleren Schiene bei 200 Grad 15 Minuten backen.

In der Zwischenzeit aus Eiweiß und Puderzucker eine Glasur rühren. Zum Garnieren aus Pergamentpapier eine Tüte drehen, die am unteren Ende eine 2 mm große Öffnung hat. Glasur einfüllen und strahlenförmig um die Walnußhälften spritzen.

Dalmatinische Honigplätzchen

Für 55 Stück
*200 g Honig * 375 g Mehl **
*5 EL Öl **
*2 EL Weißwein **
*1 Prise Safran * 1 TL Zimt **
*1 Prise Muskat **
*1 Prise Salz **
*1 Päckchen Vanillezucker **
*200 g Rosinen **
AUSSERDEM
*Mehl zum Ausrollen **
Fett für das Blech

Honig in einem Topf bei ganz schwacher Hitze schmelzen lassen. In eine Schüssel gießen. Mehl, Öl, den in Weißwein aufgelösten Safran und die Gewürze zugeben. Alles mit dem Handrührgerät zu einem glatten Teig kneten.

Rosinen in einem Sieb unter heißem Wasser waschen. Abtropfen lassen, trocknen und in den Teig kneten.

Teig auf einem bemehlten Backbrett etwa 5 mm dick ausrollen. Kleine Plätzchen oder Sterne ausstechen. Auf ein gefettetes Backblech legen. In den vorgeheizten Ofen auf die mittlere Schiene schieben und bei 200 Grad 10 Minuten backen.

Plätzchen aus dem Ofen nehmen, auf einem Kuchendraht abkühlen lassen. Vor dem Verzehr einige Tage in einer verschlossenen Blechdose aufheben.

Russischer Honigkuchen

Für 16 Stücke
TEIG:
*250 g Honig * 1 TL Zimt **
*1/4 TL Ingwerpulver **
*1 Prise geriebene Muskatnuß **
*2 TL Natron **
*200 g Butter oder Margarine **
*125 g Farinzucker **
*3 Eier * 1 Fläschchen Rumaroma **
*3 Tropfen Bittermandelöl **
*1 Prise Salz **
abgeriebene Schale von 1 Orange
*und 1 Zitrone * 2 TL Kakao **
*500 g Mehl * 75 g kernlose Rosinen **
*75 g Korinthen **
*je 75 g Orangeat und Zitronat **
*100 g gehackte Walnüsse **
*Fett für die Form **
GLASUR:
*250 g Puderzucker * 4 EL Zitronensaft **
GARNITUR:
*50 g Korinthen * 75 g Zitronat*

Für den Teig Honig mit Zimt, Ingwer, Muskatnuß und Natron unter Rühren langsam aufkochen lassen. Den Topf dann vom Herd nehmen.

Fett, Zucker und Eier schaumig rühren. Nach und nach Rumaroma, Mandelöl, Salz, Orangen- und Zitronenschale und Kakao hineinrühren. Eßlöffelweise die erkaltete

Honigmasse unterziehen. Mehl bis auf 2 Eßlöffel auch unterheben.

Rosinen und Korinthen unter heißem Wasser waschen, abtropfen lassen und in einem Küchentuch trockenreiben. Orangeat und Zitronat fein hacken. Alles mit dem restlichen Mehl und den gehackten Walnüssen vermischen. Nach und nach unter den Teig kneten.

Eine Kastenform von 30 cm Länge einfetten. Teig einfüllen. Form in den vorgeheizten Ofen auf die untere Schiene stellen und bei 180 Grad 95 Minuten backen.

Für die Glasur gesiebten Puderzucker mit Zitronensaft glattrühren. Den abgekühlten Kuchen damit bestreichen.

Korinthen unter heißem Wasser waschen, abtropfen lassen und trockenreiben. Den Kuchen damit und mit dem sehr fein gehackten Zitronat bestreuen.

Belgischer Honigkuchen

Für 16 Stücke
*250 g Honig * 2 Eier **
*100 g Puderzucker **
*400 g dunkles Weizenmehl (Type 1050) **
*15 g Natron * 150 ml Milch **
*25 g Lebkuchengewürz **
*200 g geschälte Mandeln **
*Fett für die Form **
Mehl zum Bestäuben

Honig in einem Topf erwärmen und so lange rühren, bis er flüssig wird. Dann leicht abkühlen lassen. Zwischendurch hin und wieder umrühren, damit sich keine Haut bildet.

Eier mit Puderzucker in einer Schüssel schaumig schlagen. Mehl mit Natron mischen, in eine Schüssel geben und in die Mitte eine Mulde drücken. Honig, die Eischaummasse und die restlichen Zutaten hineingeben. Alles zu einem weichen Teig kneten.

Eine Kastenform (30 mal 11 cm) einfetten, mit Mehl bestäuben und den Teig einfüllen.

Form in den vorgeheizten Ofen auf die mittlere Schiene stellen und bei 180 Grad 80 Minuten backen.

Panettone

Für 16 Stücke
*450 g Mehl * 40 g Hefe **
*120 g Zucker **
*1/8 l lauwarme Milch **
*6 Eier * 1/2 TL Salz **
*200 g Butter **
*je 75 g gehacktes Orangeat und Zitronat **
*75 g kandierte rote Kirschen **
*200 g Rosinen * 1 EL Mehl **
*Fett für die Form **
30 g Butter

Mehl in eine Schüssel geben. In die Mitte eine Mulde drücken. Hefe hineinbröckeln. 1 Teelöffel Zucker darüberstreuen. Mit etwas Milch und Mehl zum Vorteig verrühren. Zugedeckt an einem warmen Platz 15 Minuten gehen lassen.

Restlichen Zucker, restliche Milch, Eier und Salz in die Schüssel geben. Butter in Flöckchen darauf verteilen. Von außen nach innen einen Teig kneten.

Orangeat, Zitronat, gehackte kandierte Kirschen und gewaschene, getrocknete Rosinen in einer Schüssel mit 1 Eßlöffel Mehl mischen. In den Teig kneten. Teig in eine gefettete Kuchenform füllen. Zugedeckt 20 Minuten gehen lassen.

In den vorgeheizten Ofen auf die unterste Schiene stellen und bei 220 Grad 60 Minuten backen. Nach 30 Minuten Backzeit den Teig mit zerlassener Butter bestreichen.

Schwedischer Weihnachtskuchen

Für 3 Kuchen à 20 Stücke
*200 g Mandeln * 1 EL Zucker * 200 g kernlose Rosinen **
*200 g Datteln * 200 g getrocknete Feigen **
*400 g Margarine * 400 g Zucker * 1 Päckchen Vanillezucker **
*7 Eier * 400 g Mehl * 1 TL Backpulver * 3 EL Sherry **
*Fett für die Formen * 50 g Puderzucker zum Bestäuben.*

Mandeln in einem Topf mit heißem Wasser überbrühen und schälen. Auf ein Backbrett geben, mit Zucker bestreuen und mit einem Messer zerhacken. Rosinen mit kochendem Wasser übergießen. 5 Minuten ziehen lassen. Datteln entkernen und zusammen mit den Feigen auf einem Brett kleinschneiden. In eine Schüssel geben. Rosinen gut abtropfen lassen, trockentupfen und untermischen.

Margarine in einer Schüssel schaumig rühren. Zucker, Vanillezucker und Eier abwechselnd unterrühren. Mehl mit Backpulver mischen. Bis auf 3 Eßlöffel unter die Margarine-Eier-Masse heben. Restliches Mehl über die Früchte stäuben. Zuerst die Früchte, dann den Sherry in den Teig kneten.

Drei Kastenformen von je 26 cm Länge einfetten. Boden mit Pergamentpapier auslegen. Teig einfüllen. Einen Eßlöffel unter kaltes Wasser halten. Teigoberfläche damit glattstreichen. In den vorgeheizten Ofen auf die unterste Schiene stellen und bei 180 Grad 70 Minuten backen.

Den Kuchen auskühlen lassen. Ränder mit einem Messer lösen, Kuchen auf eine Platte stürzen. Mit Puderzucker bestäuben.

Presniz

Für 12 Stücke
*1 Paket Tiefkühlblätterteig (300 g) * 100 g Sultanien * 8 EL Rum * 8 EL Wasser * Mehl zum Ausrollen * je 50 g gehackte Walnüsse und Mandeln * 60 g Semmelbrösel * je 50 g fein gewürfeltes Zitronat und Orangeat * 1 Päckchen Vanillezucker * je 1 Prise Nelkenpulver und Zimt * 50 g Zucker * 2 Eigelb zum Begießen*

Blätterteig nach Vorschrift auftauen lassen. Sultaninen unter heißem Wasser waschen und abtropfen lassen. In einer Schüssel mit Rum und Wasser übergießen und quellen lassen.

Blätterteig auf einem bemehlten Tuch zu einem langen, schmalen Streifen ausrollen. Den Teigstreifen längs aufrollen und schneckenartig in eine kalt ausgespülte Springform von 24 cm Durchmesser legen. Restliche Zutaten mit den Rosinen mischen und gleichmäßig auf den Teig verteilen. Belag mit dem verquirlten Eigelb begießen.

Form in den vorgeheizten Ofen auf die mittlere Schiene schieben und bei 220 Grad 25 Minuten backen.

Italienischer Gewürzkuchen

Für 12 Stücke

TEIG:

*150 g Haselnüsse * 150 g geschälte Mandelkerne * je 150 g Zitronat und Orangeat * 150 g kandierte Melone * 100 g Mehl * 50 g ungezuckertes Kakaopulver * 1 1/2 TL gemahlener Zimt * je 1 gute Msp. gemahlene Nelken, Ingwer und Kardamom * je 150 g Zucker und Honig **

GARNITUR:

*2 EL Puderzucker * 2 Msp. gemahlener Zimt **

AUSSERDEM:

1 große Backoblate mit 24 cm Durchmesser

Haselnüsse auf einem Blech im vorgeheizten Backofen bei 200 Grad rösten, bis die Häutchen platzen. Zum Schälen in einem Küchentuch fest aneinanderreiben. Nüsse und Mandeln grob hacken. Kandierte Früchte sehr fein würfeln. Zusammen mit Mehl, Kakaopulver und Gewürzen in einer Schüssel vermischen.

Zucker und Honig in einem Töpfchen unter Rühren erhitzen, bis sich der Zucker vollständig gelöst hat. Zur Nußmischung geben und sorgfältig miteinander vermischen Backoblate in eine Springform (24 cm Durchmesser) oder auf ein Backblech legen. Masse darauf verteilen und glattstreichen. Auf der Mittelschiene im vorgeheizten Backofen bei 150 Grad 80 Minuten backen.

Gewürzkuchen etwas auskühlen lassen, dann aus der Form lösen. Vor dem Anschneiden 3–4 Tage durchziehen lassen. Dann erst mit dem Puderzucker-Zimt-Gemisch bestäuben.